그러니까, 연극

그러니까, 연극

펴 낸 날/ 초판1쇄 2020년 12월 24일
지 은 이/ 이주진, 이태곤, 유다희, 박다유, 이윤미, 오유란, 유성재

펴 낸 곳/ 도서출판 기역
펴 낸 이/ 이대건
편   집/ 책마을해리

출판등록/ 2010년 8월 2일(제313-2010-236)
주   소/ 전북 고창군 해리면 월봉성산길 88 책마을해리
         서울 서대문구 북아현로 16길7
문   의/ (대표전화)02-3144-8665, (전송)070-4209-1709

ⓒ 이주진 외, 도서출판 기역, 2020

ISBN 979-11-91199-05-5 03370

이 도서의 국립중앙도서관 출판예정도서목록(CIP)은 서지정보유통지원시스템 홈페이지(http://seoji.nl.go.kr)와
국가자료종합목록 구축시스템(http://kolis-net.nl.go.kr)에서 이용하실 수 있습니다. (CIP제어번호: CIP2020050906)

누구나 쉽게 초등 연극, 모두의 교육연극 동아리

그러니까, 연극

이주진, 이태곤, 유다희, 박다유, 이윤미, 오유란, 유성재
함께지음

ㄱ

누구나 쉽게, 초등연극

이 책은 연극동아리 교육과정을 찾는 모든 초등 교사를 위해 만들었다. 교육연극에 관한 각종 도서가 시중에 범람하지만, 대부분 한 차시 수업 분량의 연극놀이를 사전식으로 제시한 책이거나, 이론적인 책이 대부분이다. 그래서 교육연극을 가장 본격적으로 다룰 수 있는 동아리 시간에 쓸 만한 책이 필요하다고 느꼈다. 실무와 실제 수업에 적합한 동아리 교육과정을 담고, 연극적 전문지식이 없어도 교사 혼자서 충분히 운영하고 쉽게 따라 할 수 있는 프로그램을 만들었다.

초등학교 연극 활동의 목적은 과정을 경험하는 것과 태도를 배우는 것에 초점을 두고 있다. 동아리 활동을 통해 학생은 사회성, 협동성, 표현력, 공감 능력 등 다양한 사회적 기술을 배울 수 있다. 이 책을 쓸 때 다음과 같은 부분을 고려하였다.

경우의 수

이 책은 저학년, 중학년, 고학년, 특수학급, 그리고 교육연극에 입문한 사람, 이미 수년간 지도를 한 사람, 공연 중심으로 운영할 사람, 체험 중심으로 운영할 사람, 교육연극을 활용한 프로그램을 기획하는 사람, 학교 축제에 교육연극을 활용할 사람 등 최대한 다양한 경우의 수를 고려하여 기획하였다. 그리고 1년 동안 운영할 수 있는 동아리 교육과정을 다양한 대상과 수업 목적에 맞게 구성하였다. 연극놀이, 낭독극, 과정 드라마, 이야기 극화 등 다양한 교육연극 활동이라는 구슬을 상황에 따라 조합하여 여러 개의 목걸이를 만들었다. 연극동아리를 위해 이 책을 펼쳤다면 자신에게 필요한 목걸이를 하나 고르면 된다.

실용성

이 책은 형식과 구성에 있어 실용성을 지향한다. 실제 동아리 교육과정 운영에 필요한 계획서를 상세하고 구체적인 예시로 실었다. 각 교육과정에 쓰이는 동아리 물품도 실제 동아리운영비를 고려하여 구성하면서, 가격과 구입처도 제시하였다. 수업안은 친절한 수업 대화와 어떤 사람이든 활용할 수 있도록 읽기 쉬운 서술방식을 사용하였고, 각 활동은 구체적인 행동목표가 드러나도록 서술하였다. 그리고 생활기록부 기록에 활용할 수 있는 동아리 평어를 최대한 다양하게 제시하였다.

여백

최대한 여백이 있게 썼다. 이 여백은 이 책을 가지고 수업할 교사만의 느낌, 교실 구성원의 특수성, 수업 상황에 맞게 자유롭게 채워나가면 된다. 무엇보다 교육연극은 교사의 풍부한 영감과 생생한 발문으로 시작한다고 믿는다. 수업에 대한 고민은 이 책으로 해결하고, 남은 시간은 교사만의 생생한 느낌과 경험을 수업에 담는 데 활용하면 된다. 그렇기에 이 책은 최대한 간단하고, 간결하게 썼으며 충분히 여백을 남겨두며 만들었다.

이 책이 학교현장에서 활용되며, 더 많은 아이가 밝고 건강하게 자라기를 바란다. 아이의 내면을 튼튼하게 하고, 깊게 만들며, 움직이게 하는 것은 결국 예술교육의 몫이다. 그리고 이 책이 학교현장에 끊임없는 물음을 만들었으면 한다. 교육연극 발전을 위해 늘 함께 하는 세종시 교육연극연구회 〈빈 의자〉에 감사의 말을 전한다.

나에게 맞는 연극동아리 프로그램은?

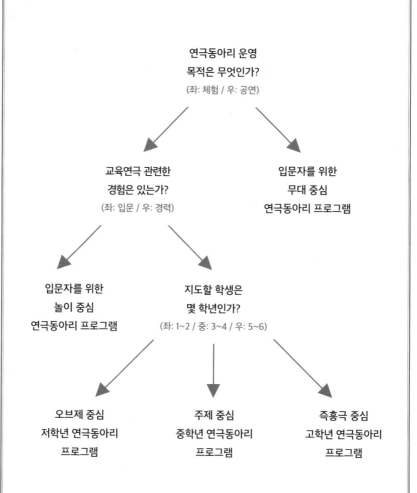

연극동아리 운영
목적은 무엇인가?
(좌: 체험 / 우: 공연)

교육연극 관련한
경험은 있는가?
(좌: 입문 / 우: 경력)

입문자를 위한
무대 중심
연극동아리 프로그램

입문자를 위한
놀이 중심
연극동아리 프로그램

지도할 학생은
몇 학년인가?
(좌: 1~2 / 중: 3~4 / 우: 5~6)

오브제 중심
저학년 연극동아리
프로그램

주제 중심
중학년 연극동아리
프로그램

즉흥극 중심
고학년 연극동아리
프로그램

어떤 결과가 나왔나요? 해당 프로그램을 펼쳐 보시기 바랍니다.
그리고 동아리 부원들과 함께 한 회기 한 회기 즐겁게 운영해보시기 바랍니다.

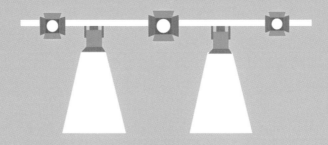

1부

입문자를 위한 연극동아리

(기본편)

놀이 중심
연극놀이동아리
프로그램

놀이로 시작하는 연극놀이동아리

놀이는 아이들에게 즐거움을 주기도 하지만 효과 좋은 교육이 되기도 한다. 감각을 자극하는 연극놀이는 교육과 동시에 체험과 재미를 함께 선사할 수 있다. 연극놀이는 아이들이 겪어보지 못한 상황을 직접적으로 체험해 보면서 경험하지 않은 일에 대해 경험을 쌓고 이에 대한 생각과 감정표현을 배울 수 있다. 저학년 어린아이들은 자기 스스로 감정 조절하는 방법을 잘 모르기 때문에 성장하면서 스스로 자기조절 하는 방법에 대해 알아갈 필요가 있다. 연극놀이 속 규칙과 역할에 충실하다 보면 자연스레 충동을 조절하는 법에 대해 알아가게 되고 이를 통해 일상생활에서 상황별 적절한 감정배출을 할 수도 있다. 연극놀이는 다양한 역할을 시도하며 친구들과의 갈등을 해결하는 과정을 통해 아이 스스로 자신의 문제를 해결해나가거나 친구들의 의견을 통합해 해결법을 찾아낼 수 있도록 도와주는 역할을 한다. 또한, 연극놀이 하는 학생들을 보며 아이가 좋아하는 것, 또는 싫어하는 것, 아이를 슬프게 하는 것 등 아이의 내면에 대해 알아갈 수 있는 기회가 생긴다. 아이의 성향에 대해 더욱 많은 것을 알아갈 수 있다.

연극놀이동아리 프로그램 연간 차시별 운영 계획

본 프로그램은 교육연극을 처음 접하는 저학년 학생들이 쉽고 재미있으면서, 놀이를 통한 연극을 경험하도록 구성하였다. 저학년 학생들이 놀이를 통하여 자신의 신체, 오브제를 활용해보고 생각을 표현해보는 데 목적을 두고 있다.

본 프로그램은 1회기 당 2교시 수업을 기준으로, 총 14회의 수업으로 구성하였다. 프로그램 구성은 감각 놀이부터 오브제 및 신체 활용, 생각 표현까지 다양하게 구성되어 있어 프로그램을 진행하는 교사의 수업 방향에 따라 선택·재구성하여 진행할 수 있다. 연극놀이 속 열린 질문을 하거나 해결책 찾아가는 과정에서 아이에 대한 많은 정보를 습득할 수 있다. 본 프로그램은 저학년 동아리 구성 특성에 맞추어 학급동아리로 진행된다.

연극놀이동아리 프로그램 연간 차시별 운영 계획

주제	회기	주요 학습 내용 및 활동	준비물
감각	1	- 코를 좋아하는 도깨비 - 나는 독거미야!	-
	2	- 줄을 밟고 앞으로 - 나를 이끌어줘!	긴 줄넘기, 안대
신체	3	- 인사 뺏기 놀이 - 가위바위보 놀이	-
	4	- 내 신발을 찾아라! - 천사와 악마, 누굴 따라갈래?	안대
	5	- 돌고 도는 알, 병아리, 닭 - 진주, 조개, 그리고 폭발	-
조작	6	- 상상 속 물건 전달하기 - 소원을 말해봐!	클레이
	7	- 손가락 인형극	아동용 하얀 장갑, 스티로폼 공, 검은 천
	8	- 보자기 변형 놀이 - 보자기로 만드는 세상	보자기
	9	- 나무젓가락 이어붙이기 놀이 - 나무젓가락의 변신	나무젓가락
창의	10	- 종이봉투로 다른 인물 되어보기 - 동물 되어보기	종이봉투
	11	- 친구의 달라진 점 찾기 - 친구 동작 따라 하기	-
	12	- 무궁화 꽃이 춤을 춥니다. - 바람아 오시 마!	-
	13	- 도미노 박수 - 따라 하기 술래잡기	-
	14	- 너 뭐하고 있니? - 릴레이 그림 그리기	4절지

감각

1. 코를 좋아하는 도깨비

활동 초점

① 신체 부위 가리면서 피하기   ② 안전하게 술래 피하기

활동 내용

단계	활동 내용	준비물
활동	코를 좋아하는 도깨비	-
	나는 독거미야!	-
마무리	느낌 나누기	-

활동

1. 코를 좋아하는 도깨비

지금 우리 마을에 아이들의 코를 보러 다니는 무서운 도깨비가 살고 있어요. 도깨비는 '아이들의 예쁜 코가 어디 갔지?'라고 말하며 마을 여기저기를 돌아다니며 아이들을 찾고 있답니다. 여러분 도깨비에게 코를 보이지 않으려면 어떻게 해야 할까요? 그래요, 자신의 코가 안 보이게 손으로 코를 가리고 도망 다녀야겠죠. 잘할 수 있을까요? 놀이를 시작해 볼게요.

① 책상을 교실 뒤쪽으로 밀어둔다.

② 처음은 교사가 도깨비 역할을 한다.

③ 신체 부위 중 한 곳을 정한다. (예: 무릎, 눈, 코, 입 등)

④ 정한 신체 부위를 가리지 못해 도깨비에게 잡힌 학생은 교실 가장자리로 이동한다.

⑤ 한 회가 끝나면 새로운 학생을 술래로 정하여 다시 반복한다.

⑥ 처음에는 코로 시작하였다가 다른 신체 부위로 변경하면서 아이들
과 잡기 놀이를 한다.

> 잠깐! 저학년 아이들의 신체 각 부위를 알아가는 통합교과 교육과정 부분과 연계하여 활동할 수 있는 연극놀이다.

2. 나는 독거미야!

우리 거미마을에 독거미가 나타났습니다. 독거미는 자신의 정체를 숨기고 마을을 여기저기 돌아다니며 우리 거미들의 목숨을 빼앗고 있습니다. 독거미와 악수한 거미는 죽게 됩니다. 이제, 독거미를 찾아볼까요?

① 책상을 교실 뒤쪽으로 밀어둔다.

② 교사는 독거미를 1~2명 정해주고 나머지 학생들은 모두 거미 역할이다.

③ 거미와 독거미 모든 참가자는 거미 흉내를 내며 교실을 자유롭게 돌아다니다 만나는 거미와
악수를 한다.

④ 거미는 그냥 악수만 하지만 독거미는 악수와 동시에 상대방의 손바닥을 손가락으로 긁으며
자신이 독거미임을 표현한다.

⑤ 독거미를 만난 거미는 세 걸음을 이동한 후 '으악' 소리를 내며 쓰러진 후 교실 가장자리에 서
있는다.

마무리

- 오늘의 놀이를 하면서 어떤 생각이 들었나요?

- 시각을 이용한 도깨비놀이를 하면서 어떤 부분이 가장 즐거웠나요?

- 독거미와 악수할 때 어떤 기분이었나요?

감각

2. 줄을 밟고 앞으로

활동 초점

① 긴 줄넘기 밟으며 길 걷기   ② 눈 감고 장애물 피하며 걷기

활동 내용

단계	활동 내용	준비물
활동	줄을 밟고 앞으로	긴 줄넘기, 안대
	나를 이끌어줘!	안대
마무리	느낌 나누기	-

활동

1. 줄을 밟고 앞으로

교실에 긴 줄넘기를 놓아둘 거예요. 한 명씩 눈을 감고 줄넘기 끝에 서서 발바닥으로 줄을 느껴보세요. 줄을 느끼며 줄넘기 끝까지 걸어가 보겠습니다.

① 책상을 교실 뒤쪽으로 밀어둔다.

② 교실 한쪽 벽에서 시작하여 반대쪽 벽까지 줄넘기 줄을 펼친다.

③ 인원이 많으면 2~3개 줄을 놓아도 좋다.

④ 출발선에 선 학생은 안대로 눈을 가리고 신발을 벗는다.

⑤ 긴 줄넘기 한쪽 끝에서 출발하여 다른 쪽 끝까지 눈을 가리고 발바닥으로 줄을 느끼며 걸어가도록 한다.

⑥ 장소는 운동장이나 복도를 활용할 수 있으며, 직선이 아닌 꺾은 선이나 굽은 선 등으로 난이도

를 조정할 수 있다.

⑦ 활동을 마친 아이들은 가장자리에 서서 활동하는 친구들의 모습을 조용히 본다.

2. 나를 이끌어줘!

두 명씩 짝을 지어 한 사람은 눈이 안 보이는 여행자, 다른 한 명은 길도우미가 될 거예요. 눈이 안 보이는 여행자가 목적지까지 다다르려면 길도우미는 어떻게 도와주어야 할까요? 지금부터 여행을 시작해 보겠습니다.

① 책상을 교실 뒤쪽으로 밀어둔다.

② 두 명이 짝을 이루어 한 사람은 눈이 안 보이는 여행자, 다른 한 사람은 길 도우미가 된다.

③ 두 팀이 목적지에 가는 동안 나머지 학생들은 교실 속에 바위, 나무 등의 창의적인 구조물이
   되어 정지 자세로 있는다.

④ 여행자는 여행이 끝날 때까지 눈을 감거나 안대를 하고 앞서가는 도우미의 팔을 가볍게 잡고
   함께 목적지로 간다.

⑤ 안내자는 장애물을 만났을 때 앞에 멈춰 서서 '○○이 있다'라고 설명한 후 다시 목적지로 걷는
   다. 예시: '앞에 웅덩이가 있어요', '앞에 나뭇가지가 있어요' 등

⑥ 교실 속 사람 구조물을 피해 목적지에 도착한다.

⑦ 활동이 끝난 친구는 다시 구조물이 되고 새로운 여행자와 길 도우미를 정하여 반복한다.

마무리

- 오늘의 놀이 활동을 하면서 어떤 부분이 가장 즐거웠나요?

- 눈을 감고 목적지에 도착했을 때 기분은 어땠나요?

- 길 도우미가 없이 여행한다면 어떨 것 같나요?

3. 인사 뺏기 놀이

활동 초점

① 우리 모둠만의 동작 정하기   ② 순발력 있게 지정 행동하기

활동 내용

단계	활동 내용	준비물
활동	인사 뺏기 놀이	모둠 동작 정하기
	가위바위보 놀이	-
마무리	느낌 나누기	-

활동

1. 인사 뺏기 놀이

세상에는 다양한 민족이 살고 있고 나라마다 그 나라의 인사법이 있어요. 우리 모둠을 같은 종족이라고 생각하세요. 우리 종족만의 인사 동작을 정해주세요. 다른 모둠원과 가위바위보를 해서 진 사람은 이긴 사람의 종족 인사를 따라 합니다. 그러면 자신도 그 종족이 된답니다. 마지막에 남는 종족이 이기는 놀이예요.

① 책상을 교실 뒤쪽으로 밀어둔다.

② 종족끼리 모여 자신의 종족 인사 동작을 정한다. 동작은 한가지로 간단하게 정한다. 동작은 꼭 인사말이 아닌 재미있는 동작으로 정해도 되며 소리도 넣어도 좋다.

  예시: 한 다리 들며 머리 위로 양손 하트 하기, 양손으로 턱에 꽃받침 하며 '예뻐요' 외치기 등

③ 돌아다니며 다른 모둠원과 만나 가위바위보를 한다.

④ 진 사람은 이긴 사람의 종족 인사법을 따라 하며 다시 돌아다니고 다른 종족의 사람을 만난다.

⑤ 다른 종족의 사람을 만날 때마다 가위바위보를 한다.

⑥ 영역을 넓혀나가다 보면 한 가지 인사법으로 통일된다. 이 인사법을 가진 종족이 이기는 놀이
   이다.

2. 가위바위보 놀이

새로운 가위바위보를 합니다. 선생님이 말해주는 가위바위보 놀이를 또 어떻게 변형시켜서 할 수 있을지 생각해보면서 놀이를 해봅시다.

① 책상을 교실 뒤쪽으로 밀어둔다.

② 두 명씩 짝을 지어 마주 보고 교사 신호에 맞추어 가위바위보를 한다.

③ 진 사람은 제자리에 앉았다가 일어나고 동시에 이긴 사람은 앉은 사람 머리 위쪽으로 원을 그
   린다.

④ 비기는 경우는 두 명 모두 제자리에서 한 바퀴 돈다.

⑤ 경쾌한 음악을 틀고 놀이를 진행하며 일정한 시간 간격으로 짝을 바꾸어 반복한다.

마무리

- 오늘의 놀이 활동에서 어떤 부분이 가장 즐거웠나요?

- 반 전체가 한 가지 동작으로 통일될 때 어떤 기분이었나요?

- 가위바위보를 하면서 선생님이 지정한 동작 외에 어떤 동작으로 바꿀 수 있을까요?

4. 내 신발을 찾아라!

활동 초점

① 들키지 않게 걸어서 신발 가져오기 　　② 친구의 안내를 들으며 목적지까지 걷기

활동 내용

단계	활동 내용	준비물
활동	내 신발을 찾아라!	-
	천사와 악마, 누굴 따라갈래?	안대
마무리	느낌 나누기	-

활동

1. 내 신발을 찾아라!

쉿! 우리 마을에 신발 괴물이 살고 있어요. 신발 괴물은 눈이 멀어 앞을 볼수 없지만, 엄청 작은 소리도 잘 들을 수 있답니다. 조금 전 신발 괴물이 여러분의 신발을 모두 가져가 버렸어요. 여러분이 괴물의 집으로 가서 자신의 신발을 찾아와야 해요. 소리나지 않게 조용히 움직여 신발을 찾아옵시다.

① 책상을 교실 뒤쪽으로 밀어둔다.

② 교실 한쪽 끝에 책상과 의자를 놓아둔다.

③ 신발 괴물 역할 아이를 정하고 교사가 보조 술래 역할을 맡는다.

④ 신발 괴물 역할을 하는 아이는 교실 끝 책상에 망토를 쓴 채 눈을 가리고 앉아있고 아이들은

　　자신의 신발을 신발 괴물 책상 아래에 벗어둔다.

⑤ 보조 술래인 교사는 출발신호를 말해준다.

⑥ 신발 괴물은 보조 술래의 출발신호 후 움직이는 소리가 나는 곳에 손으로 총 쏘는 시늉을 하며 '빵!' 소리를 낸다.

⑦ 신발 괴물한테 걸린 아동은 보조 술래가 이름을 부른다.

⑧ 이름이 불린 아이는 신발 괴물 옆에 연이어 손을 잡고 선다.

⑨ 괴물에게 걸리지 않고 자신의 신발을 찾아온 친구는 처음 시작한 자리로 돌아와 놀이가 끝날 때까지 조용히 기다린다.

> 잠깐! 꼭 신발이 아니어도 된다. 이야기 속 주인공을 필통 괴물, 연필 괴물 등으로 바꾸어 찾아오는 도구를 신발, 필통, 연필 등 다양하게 바꾸어도 된다. 신발 괴물은 눈이 보이지 않는 설정이지만 다른 감각으로 바꾸어도 무방하다.

2. 천사와 악마, 누굴 따라갈래?

① 세 명의 아이를 선정한다. 두 명은 각각 천사와 악마 표시를 해주고, 나머지 한 아이는 눈을 가린다. 천사와 악마는 눈을 가린 아이 양옆에서 팔짱을 낀다.

② 세 명의 아이 앞에(충분히 걸어갈 수 있을 정도의 거리) 의자를 두 개 놓고 둘 중 한 의자에만 특정 물건을 놓는다. 물건은 아이들이 좋아하는 물건으로 정한다. (예: 사탕, 장난감)

③ 천사와 악마는 가운데 아이를 데리고 의자까지 같이 걸어간다. 천사는 진짜 물건이 놓인 의자 위치를, 악마는 물건이 놓여있지 않은 의자 위치를 선택하라고 설득한다.

④ 눈을 가린 아이가 물건의 위치를 결정한 후 안대를 풀어 확인한다. 아이에게 왜 천사 또는 악마의 말을 따랐는지 물어본다.

마무리

- 오늘의 놀이 활동에서 어떤 부분이 가장 즐거웠나요?

- 신발 괴물이 가져간 내 신발을 찾아오려고 했을 때 가장 재미있는 것은 무엇이었나요?

- 천사의 말을 듣고 물건 찾아오기를 성공했을 때 어떤 기분이었나요?

신체

5. 돌고 도는 알, 병아리, 닭

활동 초점

① 가위바위보를 하며 알, 병아리, 닭 흉내 내기　　② 순발력 있게 지정 미션 수행하기

활동 내용

단계	활동 내용	준비물
활동	돌고 도는 알, 병아리, 닭	-
	진주, 조개 그리고 폭발	-
마무리	느낌 나누기	-

활동

1. 돌고 도는 알, 병아리, 닭

알을 깨고 나온 병아리가 자라서 닭이 되기까지 긴 과정이 있겠죠? 오늘 여러분이 직접 알, 병아리, 닭이 되어가면서 표현해보는 놀이를 할 거예요.

① 책상을 교실 뒤쪽으로 밀어둔다.

② '알', '병아리', '닭'의 동작 및 구호를 정한다.

　　예시: 알은 두 손을 둥글게 모으고 앉아 오리걸음으로 다니기, 병아리는 무릎을 구부리고 양손을 허

　　　　리 옆에 두고 종종걸음으로 걷기, 닭은 서서 한 손은 벼슬을 한 손은 꽁지를 표현하여 '닭! 닭!

　　　　닭' 말하며 다니기 등

③ 처음엔 모두 '알'이 된다.

④ 알끼리 가위바위보를 해서 이기면 '병아리'가 된다. 병아리끼리 가위바위보를 해서 이기면 '닭'

이 되고 지면 다시 '알'이 된다. '닭'끼리 가위바위보를 해서 이기면 '사람'이 된다.

2. 진주, 조개 그리고 폭발

① 책상을 교실 뒤쪽으로 밀어둔다.

② 세 명이 한 팀이 되어 두 명은 조개껍데기, 한 명은 진주가 된다.

③ 진주를 가운데 두고 조개껍데기는 두 손을 잡고 마주 선다.

④ 술래가 '진주'라고 외치면 진주들끼리 자리를 바꾼다. 술래는 아무 껍데기에나 들어가 자리를
잡는다. 조개껍데기 사이로 들어가지 못한 진주가 새로운 술래가 된다.

⑤ 술래가 '조개'라고 하면 조개껍데기들은 손을 잡고 다른 진주를 찾아 이동한다. 이때 진주는 제
자리에 가만히 있는다. 술래는 이동하는 조개껍데기 사이로 들어가 진주가 되고 조개껍데기가
없는 진주는 새로운 술래가 된다.

⑥ 술래가 '폭발'이라고 외치면 모두 흩어져 다시 진주와 조개껍데기를 만든다.

마무리

- 오늘의 놀이 활동에서 어떤 부분이 가장 재미있었나요?

- 알, 병아리, 닭에서 이겼다가 져서 이전으로 돌아간 기분은 어땠나요?

- 진주, 조개껍데기 중 어떤 역할이 가장 재미있었나요?

조작

6. 상상 속 물건 전달하기

활동 초점

① 상상 속 작은 물건 하나를 정해서 양손으로 옮기는 행동하기

② 내가 원하는 것 생각하여 만들기

활동 내용

단계	활동 내용	준비물
활동	상상 속 물건 전달하기	-
	소원을 말해봐!	클레이
마무리	느낌 나누기	-

활동

1. 상상 속 물건 전달하기

여러분, 달걀 하나가 있다고 상상해보세요. 이 달걀을 손 위에 올려보세요. 이번에는 반대 손 위로 옮겨보세요. 계속해서 달걀을 양손으로 왔다 갔다 옮겨보세요. 이제는 달걀이 아닌 여러분이 생각한 물건을 손 위에 올려 볼 거예요. 친구가 어떤 물건을 들거나 손 위에 올렸는지 맞혀보세요.

① 책상을 교실 뒤쪽으로 밀어둔다.

② 둥근 원을 만들어 서고 교사도 같은 원 안에 선다.

③ 어떤 물건을 표현할지 마음속으로 정한다. 예: 미끄러운 미꾸라지, 무거운 수박, 주머니에 있던 휴대폰 등

④ 그 물건을 들어 올리거나 들고 있는 모습을 흉내 낸다. 동작뿐 아니라 표정, 눈빛, 감탄사를

넣어 실감 나게 동작을 표현하도록 한다.

⑤ 그 물건을 양손으로 옮겨 드는 동작도 흉내 낸다.

⑥ 다른 친구는 그 물건이 무엇인지 추측해 본다.

이번에는 모둠별로 상상의 물건을 전달하고 다른 모둠들은 어떤 물건인지 맞힐 거예요.

① 모둠별로 상상의 물건을 정한다.

② 모둠원들은 일렬로 줄지어 서고 상상의 물건을 옆 사람에게 전달한다.

③ 다른 모둠원들은 어떤 물건을 옮기고 있는지 추측해 본다.

2. 소원을 말해봐!

알라딘이 요술램프를 닦자 요정 지니가 나타났어요. 지니는 알라딘에게 "주인님의 소원을 세 가지 들어 드리죠"라고 말했어요. 나에게도 요술램프가 생겨 요정 지니를 만난다면 나는 어떤 소원을 말할까요?

① 자신이 가지고 싶은 것을 세 가지 생각한다.

② 그중 한 가지만 골라 클레이로 만든다.

③ 자신이 만든 물건을 친구들에게 소개한다.

④ 가지고 싶은 것은 물건으로 한정하지 않고 어떤 것이든 모두 가능하다.

마무리

- 오늘의 놀이 활동에서 어떤 부분이 가장 재미있었나요?

- 눈을 떴을 때와 감았을 때 무언가를 만지는 느낌은 어떻게 다른가요?

- 가지고 싶은 것이 눈앞에 나타난다면 어떤 기분일까?

조작

7. 손가락 인형극

활동 초점

① 스티로폼 공으로 손가락 인형 만들기　　② 손가락 인형으로 상황에 알맞은 역할극 하기

활동 내용

단계	활동 내용	준비물
활동	손가락 인형으로 역할극 하기	지름 5cm 스티로폼 공, 아동용 하얀 장갑, 검은색 천
마무리	느낌 나누기, 단원 예고하기	-

활동

손가락 인형으로 역할극 하기

오늘은 스티로폼 공을 활용하여 손가락 인형을 만들어 볼 거예요. 손가락 인형에서 손가락에 씌운 스티로폼 공은 여러분이 연기할 등장인물의 머리 부분이 되겠죠? 손가락 인형을 더 실감 나게 표현하려면 어떻게 해야 할지 연습해볼까요? 선생님이 제시하는 상황에 알맞은 역할극을 꾸며 볼 거예요. 각자의 역할을 정하고 상황을 표현해보세요.

① 2~3명씩 짝을 지어 앉는다.

② 각자 스티로폼 공과 장갑을 1개씩 준비한다.

③ 스티로폼에 볼펜 앞부분으로 구멍을 뚫어 그 구멍에 검지를 넣어 손가락 인형을 만든다.

④ 교사는 아이들이 이미 잘 알고 있는 이야기나 이야기 속 장면을 여러 개 제시한다(토끼와 거북이,

으악 도깨비다! 등 그림동화 이야기나 아이들이 즉흥으로 창작하여도 좋다).

⑤ 나타내고 싶은 상황을 선택하여 인형을 활용하여 표현하도록 한다.

⑥ 손가락 인형극을 할 수 있도록 책상에 검은색 천을 씌워 간단한 무대를 준비한다.

⑦ 손가락 인형극 후 소감을 이야기한다.

마무리

- 오늘의 놀이 활동에서 어떤 부분이 가장 재미있었나요?

- 내가 맡은 역할을 손가락 인형으로 연기했을 때 어떤 기분이 들었나요?

- 친구들이 상황극 하는 것을 보면서 어떤 부분이 아쉬웠고 칭찬할 점은 무엇이었나요?

8. 보자기로 만드는 세상

활동 초점

① 보자기로 표현할 수 있는 물건 생각해보기

② 이야기의 마음에 드는 한 장면을 보자기를 활용하여 표현하기

활동 내용

단계	활동 내용	준비물
활동	보자기 변형 놀이	보자기 1인당 1개씩
	보자기로 만드는 세상	
마무리	느낌 나누기	-

활동

1. 보자기 변형 놀이

여러분 보자기를 하나씩 줄 거예요. 이 보자기는 무엇이든 될 수 있습니다.

여러분의 옷이 될 수도 가방이 될 수도 있어요. 지금부터 친구들이 표현한

것이 무엇인지 맞혀볼까요?

① 보자기를 하나씩 받는다.

② 무엇을 만들지 상상한다.

③ 한 명씩 나와서 표현하면 다른 친구들이 맞힌다.

　　예시: 목에 감으면 스카프 / 덮고 누우면 이불 / 보자기를 둥글게 말아 들면 눈덩이

2. 보자기로 만드는 세상

여러분이 좋아하는 이야기는 어떤 이야기인가요? 좋아하는 이야기의 한 장면을 골라 모둠원들과 협력하여 사진을 찍듯이 정지장면으로 만들어 볼 거예요. 장면을 만들면서 보자기를 활용할 수 있어요. 보자기는 머리카락이 될 수도 치마가 될 수도 있는 모든 것으로 변신 가능한 보물 아이템이랍니다. 보자기를 활용하여 장면을 더 멋지게 만들어 보세요.

① 색깔이 다른 보자기를 모둠별로 2~3개씩 준비한다.

② 이야기 선택이 어려우면 교사가 이야기의 장면을 컴퓨터 화면으로 보여준다.

③ 각 모둠원에게 이야기 중 기억에 남는 장면을 하나씩 선택하게 하고, 보자기를 활용하여 그 장면을 어떻게 표현할지 생각하도록 한다.

④ 협의가 끝난 모둠은 교실 앞에 나와서 이야기 속 장면을 표현한다.

⑤ 다른 모둠원들은 어떤 장면인지 추측해 보고 이야기한다.

마무리

- 오늘의 놀이 활동에서 어떤 부분이 가장 재미있었나요?

- 보자기로 또 어떤 것으로 만들 수 있을까요?

- 보자기를 활용하여 내가 만들고 싶은 다른 이야기 장면이 있나요?

9. 나무젓가락으로 이어붙이기 놀이

조작

활동 초점

① 나무젓가락을 떨어뜨리지 않고 이동하기 ② 나무젓가락으로 상상한 물건 만들어보기

활동 내용

단계	활동 내용	준비물
활동	나무젓가락 이어붙이기 놀이	나무젓가락
	나무젓가락의 변신	
마무리	느낌 나누기	-

활동

1. 나무젓가락 이어붙이기 놀이

여러분 친구들과 손을 잡고 원을 만들어 보세요. 그 상
태로 시계방향으로 돌아보세요. 이번에는 반대 방향으
로 돌아보세요. 쉽죠? 이번에는 친구와 잡은 손 사이에
나무젓가락을 넣을 거예요. 친구와 마음을 잘 맞추어
협동해야 나무젓가락이 떨어지지 않고 그대로 있겠죠?

① 책상을 교실 뒤쪽으로 밀어둔다.

② 5~6명이 한 모둠이 되어 원을 만들고 서로의 검지 손끝 사이에 젓가락을 넣어 마주 대

　잇는다(손잡기 대신 젓가락으로 연결한 원 형태다. 단, 젓가락을 손으로 잡지 않는다).

③ 교사의 신호에 맞추어 손가락 사이에 나무젓가락을 떨어뜨리지 않고 원을 유지하면서

움직인다.

④ 모둠별로 움직임이 익숙해지면 다른 모둠과 합쳐서 더 큰 원을 만들어 본다.

⑤ 신호에 맞추어 나무젓가락을 떨어뜨리지 않고 움직인다.

⑥ 마지막에는 모든 모둠이 합쳐져 하나의 원으로 움직여보며 마무리한다.

2. 나무젓가락의 변신

① 나무젓가락을 한 개씩 나누어준다.

② 나무젓가락을 활용하여 무엇이든 한 가지씩 만들어 보도록 한다.

    예시: 십자가, 안테나, 스키폴대 등

③ 친구들이 만든 것을 보며 무엇인지 맞힌다.

> 잠깐! 활동 1, 2에서 사용하는 나무젓가락 대신 수수깡을 사용하여도 좋다. 단, 수수깡은 부러지기 쉬우므로 힘 조절에 더 신경 쓰도록 안내가 필요하다.

마무리

- 오늘의 놀이 활동은 어땠나요?

- 우리 반 모두가 하나의 원을 만들었을 때의 느낌은 어땠나요?

- 나무젓가락 대신 어떤 물건을 활용할 수 있을까요?

10. 종이봉투로 다른 인물 되어보기

활동 초점

① 상상하는 인물 표현하기　　② 동물을 표현하고 친구들의 표현 관찰하기

활동 내용

단계	활동 내용	준비물
활동	종이봉투로 다른 인물 되어보기	종이봉투 1인당 1개
	동물 되어보기	-
마무리	느낌 나누기	-

활동

1. 종이봉투로 다른 인물 되어보기

스파이더맨, 배트맨, 앤트맨의 공통점은 사람들을 구해주는 영웅이에요. 그리고 본래 자신의 모습을 숨기기 위해서 얼굴을 가렸어요. 오늘 여러분도 종이봉투를 쓰고 다른 사람이 되어볼 거예요.

① 책상을 교실 뒤쪽으로 밀어둔다.

② 내가 되고 싶은 사람이나 닮고 싶은 사람을 생각한다.

③ 종이봉투를 머리에 써보고 눈과 입 부분에 구멍을 뚫는다. 원하는

　모습을 생각하며 종이봉투를 꾸며도 된다.

④ 종이봉투를 머리에 쓰고 음악에 맞추어 돌아다니며 종소리와

　함께 가까이 있는 사람과 둘씩 짝을 짓는다.

⑤ 만난 친구에게 나를 소개하고 질문을 주고받으며 대화를 한다.

⑥ 종이봉투 속 나를 소개할 때 나는 현실과 전혀 관계없는 상상 속의 인물이어도 된다. 자기가 되고 싶은 장래희망과 관련된 사람을 정해도 된다.

2. 동물 되어보기

선생님이 여러 가지 종류의 동물의 이름이 적힌 쪽지를 줄 거예요. 그 쪽지에는 같은 동물의 이름은 두 개씩만 적혀있어요. 자신이 뽑은 동물의 행동을 흉내 내어 나와 같은 동물을 찾아보는 놀이예요.

① 책상을 교실 뒤쪽으로 밀어둔다.

② 교사는 여러 가지 동물의 이름을 적은 종이를 바구니에 넣어둔다. 이때 종이는 학생 수만큼 준비하고 같은 동물의 이름을 2개씩 적어둔다.

③ 학생들이 종이를 하나씩 선택하고 자신이 선택한 동물을 행동으로 표현하며 교실 속을 돌아다닌다. **예시: 토끼, 나비, 개구리, 새, 호랑이, 강아지, 고양이, 코끼리, 원숭이 등**

④ 나와 같은 동물을 흉내 내는 사람을 찾아 짝이 된다. 처음에는 동작만으로 짝을 찾아보는 활동을 하고 어려워하면 소리를 내는 활동으로 변경한다.

마무리

- 오늘의 놀이 활동을 하면서 어떤 부분이 가장 즐거웠나요?

- 종이봉투를 썼을 때 느낌은 어땠나요?

- 나와 같은 동물과 동작을 하는 친구를 찾았을 때 느낌이 어땠나요?

11. 다른 점을 찾아라

활동 초점

① 친구의 달라진 점 찾기   ② 친구의 동작 따라 하기

활동 내용

단계	활동 내용	준비물
활동	친구의 달라진 점 찾기	-
	친구 동작 따라 하기	-
마무리	느낌 나누기	-

활동

1. 친구의 달라진 점 찾기

선생님을 잘 보세요. 선생님이 교실 밖에 나가서 세 가지를 변화시켰어요. 나가기 전과 후가 어떻게 달라졌나요? 이번에는 여러분 차례예요. 선생님이 했던 것처럼 친구들이 모습을 바꾸면 어디가 바뀌었는지 찾아보세요.

① 친구 한 명이 앞으로 나온다. 다른 아이들은 눈을 감고 엎드린다. 앞에 나온 친구는 자신의 모습을 세 가지 변화시킨다.

　　예시: 왼팔 옷을 걷는다, 머리를 묶는다, 단추를 푼다, 양말 한쪽을 벗는다 등

② 친구를 관찰하여 달라진 점을 찾아본다.

③ 다음은 같은 방법으로 여러 명이 나가서 각자의 모습이나 위치를 서로 바꾼다.

　　예시: 서로 신발 바꿔 신기, 서로 옷 바꿔 입기, 자리 바꾸기 등

④ 친구를 관찰하여 달라진 점을 찾아본다.

2. 친구 동작 따라 하기

여러분, 거울 속 내 모습을 보면서 재미있는 동작을 표현해 본 적 있나요? 오늘은 내가 짝꿍의 거울 속 모습이라고 생각하면서 친구가 움직이는 동작을 똑같이 흉내 내어 볼 거예요.

① 책상을 교실 뒤쪽으로 밀어둔다.

② 두 명씩 짝지어 마주 보고 선다.

③ 순서를 정해 한 명이 표현하면 다른 한 명이 그 동작을 따라 한다.

④ 처음에는 정지 동작으로 진행하다 익숙해지면 어려운 정지 동작 또는 움직임이 있는 동작으로 표현하여 상대방이 나를 잘 관찰하고 따라 하도록 한다.

마무리

- 오늘의 놀이 활동을 하면서 어떤 부분이 가장 즐거웠나요?

- 친구를 관찰하면서 친구에 대해 새롭게 알게 된 점이 있나요?

- 친구가 나의 동작을 따라 했을 때 기분은 어땠나요?

12. 무궁화 꽃이 춤을 춥니다

활동 초점

① 창의적인 변형 미션 수행하기

② 닿으면 터지는 물방울처럼 술래의 손에 닿지 않도록 한다.

활동 내용

단계	활동 내용	준비물
활동	무궁화 꽃이 춤을 춥니다	-
	바람아 오지 마!	-
마무리	느낌 나누기	-

활동

1. 무궁화 꽃이 춤을 춥니다

여러분은 「무궁화 꽃이 피었습니다」 놀이를 알고 있나요? 오늘은 그 놀이를

변형하여 '피었습니다' 대신 '춤을 춥니다', '노래합니다', '인사합니다' 등으로

바꿀 거예요. 술래가 말하는 대로 움직이는 게 오늘의 미션

입니다.

① 책상을 교실 뒤쪽으로 밀어두고 술래를 한 명 정한다.

② 술래는 '무궁화 꽃이 춤을 춥니다'와 같은 술래만의 구호를 미리 여러 개

　생각해 둔다.

③ 술래가 외치는 구호에 맞게 다른 친구들은 그 행동을 하며 술래에게 다가간다.

④ 미션을 수행하며 술래 가까이 와서 술래 몸에 닿고 원래 자리로 가면 살아남는 놀이다.

⑤ 술래에게 가까이 왔을 때 술래의 손에 닿으면 술래와 손을 잡고 다른 사람이 연결을 끊어줄 때

까지 기다린다.

2. 바람아 오지 마!

① 책상을 교실 뒤쪽으로 밀어두고 술래를 정한다.

② 술래가 '한 걸음'을 외치며 움직일 때 다른 사람들도 모두 한 걸음씩 움직일 수 있다.

③ 술래 팔에 닿은 사람은 같이 술래가 되어 술래와 나란히 손을 잡고 선다.

④ 손잡고 있는 술래들의 양쪽 팔에 닿은 사람은 또 술래가 되어 손을 잡고 연결한다.

⑤ 마찬가지로 연결된 술래들이 '한 걸음'을 외치며 움직일 때 나머지 다른 사람들도 모두 한 걸음

씩 움직일 수 있다.

⑥ 모든 사람이 술래가 될 때까지 같은 방법으로 진행한다.

⑦ 한 회가 끝나면 술래를 바꾸어 다시 시작한다.

마무리

- 오늘 활동 중 어떤 부분이 가장 재미있었나요?

- 어떤 구호가 가장 어려웠나요? 재미있었나요?

- 어떻게 하면 술래의 팔에 닿지 않고 오래 살아남을 수 있을까요?

13. 도미노 박수

활동 초점

① 앞사람의 박자에 맞추어 연결하여 박수치기

② 술래의 동작 따라 하며 술래잡기하기

활동 내용

단계	활동 내용	준비물
활동	도미노 박수	-
	따라 하기 술래잡기	-
마무리	느낌 나누기, 단원 예고하기	-

활동

1. 도미노 박수

여러분들은 도미노를 본 적이 있나요? 오늘은 우리가 인간 도미노가 될 거예요. 박수로 도미노를 만들어봅시다.

① 책상을 교실 뒤쪽으로 밀어둔다.

② 반 친구들 모두 원으로 둘러앉는다. 교사도 같이 원 안에 앉는다.

③ 처음에는 교사가 시작한다.

   예시: 교사가 박수 한 번을 치면 교사 오른쪽에 앉은 학생이

      바로 박수 한 번을 따라친다.

④ 한 명이 박수를 치면 오른쪽에 있는 친구가 옆 친구와 똑

같은 횟수와 박자로 박수를 친다.

⑤ 원이 한 바퀴 돌 때까지 도미노 박수가 이어지면 도미노 박수가 완성된다.

⑥ 한 바퀴가 완성되면 다시 시작하는 친구를 정하여 새로운 박수를 보낸다.

2. 따라 하기 술래잡기

① 책상을 교실 뒤쪽으로 밀어둔다.

② 술래를 정한다.

③ 술래가 동작을 제시하면 그 동작으로 모두가 술래잡기를 한다.

　　예시: 한 발로 뛰기, 기어서 가기, 옆으로 걷기, 오리걸음, 모둠발 뛰기 등

마무리

- 오늘 활동 중 어떤 부분이 가장 재미있었나요?

- 박수를 천천히 칠 때와 빨리 칠 때는 느낌이 어떻게 다른가요?

- 다시 술래가 된다면 어떤 동작을 할 것 같나요?

14. 너 뭐하고 있니?

활동 초점

① 일상 속 행동들을 순발력 있게 생각해내고 몸짓으로 표현하기

② 친구의 그림에 이어 그려 그림 완성하기

활동 내용

단계	활동 내용	준비물
활동	너 뭐하고 있니?	-
	릴레이 그림 그리기	4절지
마무리	느낌 나누기	-

활동

1. 너 뭐하고 있니?

우리는 일상생활 속에서 다른 사람에게 '뭐하고 있어?' 또는 '뭐 할 거야?'라는 질문을 많이 합니다. 오늘은 친구에게 '뭐하고 있어?'라고 질문하면 '나 책 읽고 있어', '수영할 거야' 등으로 상상하여 재치 있게 대답하고 몸짓으로 표현해보는 놀이를 할 거예요.

① 책상을 교실 뒤쪽으로 밀어둔다.

② 둘씩 짝을 지어 마주 선다.

③ A: 너 뭐하고 있어?

　B: (신문을 보는 몸짓을 하며) 나 신문 봐, 너는 뭐 하니?

A: (밥을 먹는 몸짓을 하며)나 밥 먹고 있어. 너는 뭐 하니?

　식의 질문과 대답을 반복한다.

④ 앞에서 나온 대답은 다시 하지 않는다.

2. 릴레이 그림 그리기

선생님이 4등분 된 종이를 나눠주면 첫 번째 사람부터 인물이나 동물의 머리를 그리고 뒷사람은 앞사람의 그림을 모른 채 그림을 이어 그려 완성하는 놀이입니다.

① 네 명씩 한 모둠이 되어 그릴 순서를 정한다.

② 선생님이 나눠 준 4등분 된 종이를 접었다 편다.

③ 첫 번째 그리는 사람이 인물이나 동물의 머리 부분과 어깨까지 그리고 그린 부분이 안 보이게
　　바깥으로 접는다.

④ 두 번째 사람은 앞사람이 그린 그림을 보지 않은 채 어깨부
　　터 허리 부분까지 그린다.

⑤ 같은 방법으로 뒷사람들도 차례대로 허리부터 무릎, 무릎
　　부터 발까지 그림을 완성한다.

⑥ 모둠별로 완성된 그림들을 교실 앞에 전시하고 인물의 이름을 지어준다.

마무리

- 오늘 활동 중 어떤 부분이 가장 재미있었나요?

- 가장 재미있었던 친구의 동작을 다른 동작으로 보여 줄 수 있나요?

- 친구들과 함께 그려 완성된 그림을 보았을 때 어떤 생각이 들었나요?

무대 중심
연극동아리
프로그램

들어가기 전에

학교 교육과정 운영상 학예회나 예술제, 학급 발표회 등 다양한 방면에서 무대 발표를 해야 하는 경우가 있다. 연극동아리를 운영한다고 하면 전문적인 강사의 지도 아래에 엄청난 결과물을 산출해야 한다는 부담감을 가진 교사들이 많다.

요즘에는 전체보다는 학년, 학급 단위로 발표회가 축소되고 있으나 규모와 관계없이 무언가를 보여줘야 한다는 입장에서 교사의 부담은 줄어들지 않는다. 학생들의 꿈과 끼를 펼치는 학예회가 마치 교사의 역량을 증명해야 하는 시간으로 느껴지기 때문이다.

본 프로그램은 무대공연을 목적으로 한다는 측면에서 이 책에 실린 다른 동아리 프로그램들과는 차이가 있다. 극본 작성, 무대 연출 등 연극 무대를 위한 전 과정을 아이들이 주도적으로 하면서 자신들의 이야기를 표현할 수 있는 좋은 기회가 될 것이다.

무대 중심 연극동아리 프로그램 연간 차시별 운영 계획

무대 중심 연극동아리 프로그램은 하나의 연극 공연을 무대에 올리기까지의 전 과정을 학생들이 주도적으로 준비하는 것에 의의를 두었다. 무대공연이라고 하면 큰 공연장, 화려한 무대효과 및 연출을 떠올리며 연극 공연을 귀찮고 어려운 일이라 생각하는 교사들이 많다. 하지만 공연의 목표를 아이들의 성장과 경험에 둔다면 교실도 얼마든지 무대가 될 수 있고 화려한 조명과 연출 없이도 멋진 공연이 탄생할 수 있다. 무대 경험이라는 최종 목표를 달성함으로써 아이들이 얻는 성취감과 자기효능감은 매우 크다.

본 프로그램 1회기는 2차시(80분) 분량으로 계획하였으나 동아리 상황에 따라 시간을 자유롭게 조절할 수 있다.

무대 중심 연극동아리 프로그램 연간 차시별 운영 계획(예시)

회기	활동 목표	주요 활동	준비물
1	편안한 분위기를 조성하고, 신체 표현의 자신감을 가질 수 있다.	- 연극 놀이하기 - 동아리 규칙 정하기	제시어 쪽지 전지, 매직
2	즉흥적인 상황에 유연하게 대처하고, 창의적으로 극을 만들 수 있다.	- 릴레이 대화하기 - 아무 말 릴레이 대화하기 - 상황극 하기 - 즉흥 단어 활용 대화하기	상황 카드, 신호 벨, 포스트잇
3	우리의 이야기를 담은 극본을 쓸 수 있다.	- 극본의 특성 알기 - 이야기 나누기 - 극본 소재 선정하기	영상 자료 활동지
4	우리의 이야기를 담은 극본을 쓸 수 있다.	- 분과 정하기 - 극작 놀이하기 - 극본 작성하기	역할 지원서 A4용지
5	적극적인 자세로 극본을 읽고 수정할 수 있다.	- 극본 점검하기 - 배역 정하기	극본
6	공연을 위한 준비를 철저히 할 수 있다.	- 분과 활동하기 - 리허설하기	소품, 의상, 조명
7	친구들과 협동하며 즐겁게 공연할 수 있다.	- 공연하기 - 동아리 활동 마무리하기	소품, 의상, 조명 A4용지

1. 연극놀이로 마음 열기

활동 초점

① 연극놀이 하기   ② 동아리 규칙 정하기

활동 내용

단계	활동 내용	준비물
활동	연극놀이 하기	제시어 쪽지
마무리	동아리 규칙 정하기	전지, 매직

활동

1. 연극놀이 하기

아래의 연극놀이는 처음 동아리 활동을 시작할 때 동아리 부원들끼리 어색함을 덜고 서로를 알아가는 기회를 줄 수 있는 놀이다.

라이어 게임

① 주제 정하기(예: 동물, 식물, 음식 등)

② 라이어에 해당하는 한 명은 라이어 쪽지, 나머지 사람들은 제시어 쪽지 받기

③ 앉은 순서대로 돌아가면서 제시어에 해당하는 설명하기

④ 게임 참여 인원 모두가 설명이 한 번씩 끝나면 라이어일 것 같은 사람 지목하기

⑤ 라이어가 정체를 들키지 않으면 라이어 승리

아이 엠 그라운드 자기소개하기

① 이름 소개하기

② 친구의 이름 부르기(예: 길동 하나!)

③ 자신의 이름이 호명되면 박자에 맞게 이름 외치기

④ 게임을 하면서 친구 이름 기억하기

나를 맞혀봐 I

① 나에 대한 퀴즈 내기

② 자신만의 특별한 문제 출제하기

③ 친구에 관한 문제를 풀며 서로 알아가는 시간 갖기

나를 맞혀봐 II

① 종이에 이름은 적지 않고 자신에 대한 정보 10가지 쓰기

② 종이를 걷어 무작위로 섞은 뒤 한 장씩 나눠 갖기. 자신의 것을 받은 사람은 다시 걷어 섞는다.

③ 종이에 적힌 10가지를 읽고 누구인지 맞추기

2. 동아리 규칙 정하기

동아리 규칙 정하기

① 연극동아리 활동을 하면서 내가 중요하게 생각하는 가치 생각하기

② 우리가 중요하게 생각하는 가치를 얻기 위해 실천해야 할 규칙 적기

③ 비슷한 맥락의 규칙끼리 묶고 분류한 규칙들을 하나의 문장으로 정리하기

④ 동아리 구성원끼리 협의하여 동아리 규칙 세우기

예시: 가치 카드

감사	겸손	공평	관용	행복
배려	보람	사랑	성실	신중
평화	양심	예의	용기	친절
이해심	자신감	정직	존중	책임
봉사	믿음	희생	재치	인내

동아리 규칙 게시하기

① 동아리 규칙을 전지에 적기

② 함께 읽고 지키도록 다짐하기

예시:

1. 내가 싫은 건 친구도 싫다.
2. 질문은 환영! 비난이나 욕설은 금지!
3. 즐기기, 열심히 하기
4. 동아리 시간 지키기, 결석하지 않기
5. 안 돼! 그건 아니야! 라는 말 사용하지 않기
6. 동영상이나 사진 함부로 찍지 않기
7. 서로 잘한 점 찾아 적극 칭찬해주기
8. 동아리 활동 끝나고 자리 정리, 물건 정리

마무리

- 1년간의 활동 안내하기

- 첫 만남에 대한 느낌, 처음 한 연극놀이 활동에 대한 느낌 나누기

2. 즉흥 놀이하기

활동 초점

다양한 상황에 맞춰 즉흥적으로 표현하기

활동 내용

단계	활동 내용	준비물
활동	릴레이 대화하기	-
	아무 말 릴레이 대화하기	-
	상황극 하기	상황 카드, 신호 벨
	즉흥 단어 활용 대화하기	신호 벨, 포스트잇

활동

1. 릴레이 대화하기

① 교사가 릴레이 대화 시작하기

② 학생들이 한 명씩 일어나며 대화에 자유롭게 이어가기

③ 모두가 일어나면 "만세" 외치기

　　예시: 교사- 오늘 날씨 진짜 덥다!

　　　　학생 1- 그러니까 말이야. 아이스크림이나 먹으러 갈래?

　　　　학생 2- 31가지 맛 아이스크림 어때?

　　　　학생 3- 좋아! 너네 무슨 맛 좋아하니?

2. 아무 말 릴레이 대화

① 교사가 변형 릴레이 대화 시작하기

② 학생들이 한 명씩 일어나며 앞의 대사와 전혀 관련 없는 새로운 상황을 제시하는 말하기

③ 모두가 일어나면 "만세" 외치기

　예시: 교사 - 우와! 바다다!

　　　학생 1 - 하, 내일이 시험인데 어쩌지?

　　　학생 2 - 배고파! 배고파!

　　　학생 3 - 엄마! 용돈 좀 올려주세요.

3. 상황극 하기

① 교사가 모둠별로 간단한 상황 제시하기

　예시: 어린이날을 맞아 가족끼리 놀이동산에 놀러 간 상황

② 교사가 제시한 상황에 따라 즉흥적으로 연기하기

③ 다른 학생들도 앞사람의 대화에 자연스럽게 끼어들어 즉흥적으로 연기하기

4. 즉흥 단어 활용 대화하기

① 모둠별로 각각의 학생들은 포스트잇에 생각나는 단어 하나 적기

② 교사의 신호에 맞춰 자신이 적은 단어 모둠원에게 공개하기

③ 자신이 적은 단어를 반드시 넣어 즉흥 대화 참여하기

마무리

- 즉흥 놀이를 하면서 친구나 자신에게 새롭게 발견한 모습 이야기 나누기

3. 극본 쓰기 ①

활동 초점

① 극본의 특성 알기   ② 자기 이야기에서 극본 소재 정하기

활동 내용

단계	활동 내용	준비물
활동	극본의 특성 알기	영상 자료
	이야기 나누기	활동지
	극본 소재 선정하기	-

활동

1. 극본의 특성 알기

연극 감상하기

[연극 감상 플랫폼]

* 유튜브→ 서울 arts center(서울 예술의 전당) 검색→ 온라인 상영회
* 유튜브→ 안산문화재단 청소년극단 고등어, 극공작소 마방진 검색
* 네이버 공연 라이브→ 월별 중계 일정 확인 가능

극본의 특성 알기

① 같은 내용이 극본과 이야기에서 어떻게 다르게 표현되는지 살펴보기

② 극본이 갖는 특성에 대해 알아보기

배우가 당황하는 표정을 연기하도록 극본에서는 어떻게 나타냈을까? 연극의 시간적, 공간적 배경을 극본에서는 어떻게 설명했을까? 극본에서 인물의 대사는 어떻게 나타낼까?

해설은 등장인물, 장소, 무대, 배경 등을 설명해주는 것으로 극본의 맨 처음에 나와 있다. 해설은 읽는 것이 아니라 무대에 만들어지는 것이다.

대사는 인물들이 주고받거나 혼자 하는 말로 대화 위주로 쓰여 있다.

지문은 대사 앞에 괄호로 쓰여있다. 지문에는 배우가 표현할 표정, 목소리, 동작 등이 구체적으로 표시되어 있다.

2. 극본 소재 선정을 위한 이야기 나누기

같은 감정을 선택한 사람들끼리 모였죠? 요즘 나를 가장 기쁘게 했던 일, 슬프게 했던 일, 화나게 했던 일, 즐겁게 했던 일에 관해서 이야기 나누어보세요. 그리고 그중 하나의 사건을 골라 선생님이 나누어주는 활동지에 이야기를 만들어 보세요.

① 요즘 나의 감정을 희로애락 중 선택하기

② 같은 감정을 선택한 학생들끼리 모이기

③ 이야기 나누기

④ 하나의 사건을 골라 모둠별로 이야기 개요 만들기[활동지]

3. 극본 소재 선정하기

① 모둠별로 작성한 이야기 발표하기

② 이야기 중 동아리 극본 소재 한 가지 선정하기

마무리

- 선정된 이야기 개요는 아이들 수만큼 복사하여 나눠주기

- 다음 회기까지 사건별로 넣고 싶은 대사나 인물 생각해오기

연극동아리 활동지	이야기 사건 개요	모둠 이름:

등장인물 ( )명	
시간적 배경	
공간적 배경	
중심사건	①
	②
	③
	④
	⑤

4. 극본 쓰기 ②

활동 초점

① 자기 적성과 흥미에 맞는 역할 찾기

② 극본 특성과 우리가 선정한 소재에 맞는 극본 작성하기

활동 내용

단계	활동 내용	준비물
활동	분과 정하기	역할 지원서
	극작 놀이하기	A4용지
마무리	극본 작성하기	-

활동

1. 분과 정하기

① 연극 분과 알아보기

연출분과	음향: 각 장면에 어울리는 음악과 효과음을 선정한다. 공연 중 장면에 맞는 음향을 제공한다.
	소품, 분장: 각각의 인물에 어울리는 소품과 분장을 준비한다.
	조명: 무대와 어울리는 조명을 연출한다.
극본분과	극본: 극본 초안을 완성하고, 대본 연습 중 필요에 따라 대본을 수정한다. 각 배우의 연기를 점검한다.
공연분과	배우: 자신이 맡은 역할에 맞게 생생하게 공연을 한다.
홍보분과	홍보, 진행: 관객 모집을 구상하고, 공연 전 작품을 홍보한다. 관람 예절을 지킬 수 있도록 관객들에게 안내한다.

② 분과 정하기

- 동아리 인원수에 따라 분과별 적정 인원수를 결정하기

개인의 희망을 최대한 반영하되, 한 분과에 지나치게 인원이 몰리면 역할 지원서 등 선발 과정이 필요하다. 아직 극본이 나오지 않은 상태이므로 배우 분과는 빼고 정하며 한 사람이 여러 가지 분과의 역할을 하는 것도 가능하다. 예를 들어, 소품 분과이면서 배우 역할을 할 수 있다. 다만, 공연 중 동시에 이루어지는 역할일 경우는 제외한다. 하나의 예로 배우를 하면서 음향을 맡을 수 없다.

역할 지원서

이름	
지원 동기	
지원 분과 관련 특기 및 장점	

2. 극작 놀이하기

극작 놀이하기

모둠별로 대사 위주로 극본을 쓰는 연습을 하겠습니다. 쪽지로 극작 놀이를 할 거예요. 다양한 인물이 나와도 되고, 주고받는 대사 위주니까 2인이 등장하면 더 쉬울 거예요. 이제 장소, 첫 대사, 끝 대사, 아이템을 적을 모둠을 뽑아서 시작해 봅시다.

① 모둠을 4개로 구성하기

② 모둠별로 쪽지 4장 준비하기

③ 1 모둠은 이야기가 탄생할 만한 장소를 적는다.

　　예시: 학교, 병원, 극장, 궁궐, 무덤 등

④ 2 모둠은 이야기의 첫 대사만 적는다. 한 장에 한 대사씩 적는다.

　예시: "도망가!", "여기가 어디이지?", "영수야, 학교 가자!", " 내 필통 누가 가져갔어?", "배고파!" 등

⑤ 3 모둠은 이야기의 마지막 대사만 적는다.

⑥ 4 모둠은 이야기에 필요한 아이템이나 오브제 하나를 적는다.

　예시: 장갑, 마법 카드, 핸드폰, 공, 가방 등

⑦ 교사는 각 모둠의 쪽지를 걷어 4개의 바구니에 넣는다.

⑧ 모둠 장은 장소, 첫 대사, 마지막 대사, 아이템 및 오브제 쪽지를 하나씩 뽑는다.

⑨ 뽑은 쪽지 단어가 모두 들어가게 대사 위주의 짧은 극본을 만든다(시작은 첫 대사로 끝은 마지막 대사로 정리하되 다른 단어의 순서는 상관없다.).

⑩ 속도감 있게 진행하여 즉흥성을 살린다(개별로 극본 쓰기 체험을 해보게 하고 싶으면 개별로 쪽지를 만들고, 개별로 쪽지를 뽑아서 대사 쓰기 활동을 할 수 있다).

만든 대본 읽어보기

① 극작 놀이에서 만든 대본을 읽는다.

② 대사 위주로 쓰인 극본이기 때문에 실감 나는 목소리로 발표한다 (대본 공유 시간이므로 발표준비시간을 별로도 주지 않는다. 모둠에서 인물을 나누고 만든 대사를 읽는 수준에서 마무리한다).

3. 극본 작성하기

극작 놀이하기

① 3회기에서 선정한 이야기의 중심사건을 기준으로 모둠별 극본 분량을 나눈다(모둠 1은 중심사건 1을 극본 작업하고 모둠 2는 중심사건 2를 극본 작업한다. 이때 각 모둠에는 극본 분과가 한 명씩 들어가고 리더 역할을 한다).

② 모둠별 극본 작업하기

③ 극본 분과끼리 모여 극본 합치기 및 수정하기(시간이 없을 때는 기존의 이야기를 가지고 극본으로 각색

하거나 시중에 나와 있는 극본집을 활용할 수 있다).

참고도서	
돌 씹어 먹는 아이	저자: 송미경
혀를 사 왔지	저자: 송미경
나를 데리러 온 고양이 부부	저자: 송미경
어린이 희곡 해리엇	저자: 한윤섭
어린이 희곡 짜장면 로켓 발사	저자: 한윤섭
어린이 희곡 하루와 미요	저자: 임정자, 김수희
어린이 희곡 콩이네 옆집이 수상하다!	저자: 천효정, 김수희
삼백이 이야기 일곱 마당(어린이 희곡 6)	저자: 천효정
교육연극 아동극집	저자: 오판진
옛이야기 희곡집	저자: 오판진

*만약 학급별로 담임이 동아리를 운영한다면, 우리 반 이야기를 연극으로 만들 수 있다.

① 브레인스토밍: 브레인스토밍을 통해 자유롭게 사건을 떠올린다. 이때 떠오른 사건들은

포스트잇에 적어 교실 칠판에 붙여 놓는다. 포스트잇에 적힌 사건들을 보고 우리 반

TOP 5 사건을 선정한다.

② 정지장면으로 표현하기: 모둠별로 우리 반에서 일어났던 사건 중 하나를 정지장면으로

표현한다. 정지장면 발표가 끝난 후 어떤 표현이 가장 재미있었는지 이야기한다.

③ 연극 줄거리 구상하기: 모둠별로 간단한 이야기를 구상해본다. 예를 들어 우리 반

중심사건 중 체육대회를 골랐다면 인물, 사건, 배경을 정하고 체육대회에 관련한

이야기를 쓴다. 아래 첨부한 활동지를 활용한다.

④ 이야기 발표하기: 모둠별로 완성된 술거리를 발표하고 투표를 통해 극본 작업할

이야기를 결정한다.

⑤ 모둠별 극본 작업하기: 이야기의 중심사건을 기준으로 극본 작업을 모둠별로 나누어서

한다.

5. 극본 점검하기

활동 초점

① 극본의 특성이 잘 드러나게 썼는지 점검하기

② 극본을 읽으면서 어울리는 배역 정하기

활동 내용

단계	활동 내용	준비물
활동	극본 점검하기	완성 극본 1인당 1편씩
	배역 정하기	-

활동

1. 극본 점검하기

① 극본 한 줄 읽기: 완성된 극본 초안을 읽어본다. 처음은 모두 한 줄씩 돌아가면서 읽는다.

② 극본 집중 읽기: 두 번째는 한 인물 대사를 통째로 읽고 다음 인물 대사로 넘어간다.

③ 극본 피드백하기: 극본 초안을 읽고 수정해야 할 부분은 각자 펜으로 메모해 둔다. 극본 읽기

　가 마무리되면 메모한 내용을 발표한다. 피드백을 반영하여 극본 분과는 극본을 수정한다.

④ 극본 제목 만들기

2. 배역 정하기

① 배우 오디션: 배우를 희망하는 학생은 자신이 연기하고 싶은 등장인물에 지원한다. 만약 여러

　명이 지원할 경우 오디션을 통해 선발한다.

② 정해진 배역으로 극본 읽기: 배역이 정해졌다면 배우들이 극본을 읽으면서 최종적으로 극본을 점검한다. 낭독극 형태로도 무대공연을 할 수 있다.

마무리

- 교사는 극본 점검과 배역이 정해졌으면 각자 역할별로 준비할 수 있게 안내한다.
- 분과장이 따로 있으면 분과별로 주의사항을 전달하고, 극본에 맞춰 무엇을 준비할지 협의회를 한다.
- 공연 날짜가 정해진 상태라면 일정을 함께 계획한다.

점검 분야	준비 내용	비고 (해당 분과 및 완료일)
발표시간	•수업시간□　•방과 후□　•점심시간□　•그 외□	학교 행사 및 실정에 맞게 미리 정해 둔다.
발표장소	•교실□　•강당이나 특별실□　•그 외□	
발표형식	•낭독극□　•더빙□　•마이크 착용□	
초대	•학년 친구들 전체□　•부모님이나 가족□ •전체 학년□　•그 외□	
스태프	•소품□　•의상□　•분장□　•무대배경□　•음향□　•조명□	
홍보	•포스터 및 초대장□　•공연 준비 동영상 촬영□　•그 외□	
역할 연습	•배우별 극본 읽기 연습□ •배우별 동선(움직이면서) 추가 극본 읽기 연습□	
리허설	•테크니컬 리허설(등·퇴장과 음향 맞춰보기)□ •드레스 리허설□(작품을 처음부터 끝까지 중단 없이 진행하는 것, 멈춤 없이 그대로 진행) •커튼콜 연습□	
공연	•관객들 주의사항 안내□　•공연 동영상 촬영□ •무대 정리□　•관객과의 대화□	

6. 공연 준비 및 리허설

활동 초점

① 분과별로 준비사항 점검하기   ② 공연공간에 적응하기

활동 내용

단계	활동 내용	준비물
활동	분과 활동하기	-
	리허설 하기	소품, 의상, 조명 등

활동

1. 분과 활동하기

① 음향 분과: 각 장면에 맞는 음악과 효과음을 선정하고 음원을 찾아 편집한다.

② 소품, 분장 분과: 각 배역에 맞는 소품과 분장을 준비한다.

③ 홍보, 진행 분과: 동아리 연극 공연을 알릴 수 있는 홍보 포스터를 제작한다. 직접 그림을 그리거나 컴퓨터를 이용하여 만들고 제작된 포스터는 학교 게시판에 붙여 홍보한다. 관객들이 공연을 볼 때 지켜야 할 약속을 포스터로 제작한다.

> [무료 효과음 사이트]
> 유튜브 오디오 라이브러리 / Mewpot / Freesound / Mixter

2. 리허설 하기

① 분과별 필요한 준비물 최종 확인하기

② 리허설을 통해 공연의 처음부터 끝까지 실제처럼 진행하기

③ 실제 공연공간에 가서 연습하기, 배우들 동선 재확인하기

- 언제 등장퇴장 하는지, 어디로 등·퇴장하는지 정한다.

- 배우들이 겹치지 않도록 한다.

- 등장인물의 관계가 잘 드러나게 움직임을 만든다.

공연 전 체크리스트

배우는?	스태프는?
○ 대사를 다 외웠는가? ○ 배우들 간 무대에서의 움직임을 확인하였는가? ○ 등·퇴장 위치를 확인하였는가?	○ 음향 기기의 작동이 잘 이루어지는가? ○ 음원 상태 확인이 이루어졌는가? ○ 의상, 소품은 빠짐없이 준비되었는가? ○ 배우의 대사, 움직임과 연출의 조화가 잘 이루어지는가?

배우들이 공연할 때 지켜야 할 행동(매너)

○ 관객에게 등을 돌리면 안 된다.
○ 긴장하면 속도 조절이 안 되어 대사가 빨라지거나 목소리도 작아지고 웅얼거리게 되므로 주의한다.
○ 자기 대사 없을 때 다른 배우가 말할 때 딴짓하지 않는다.
○ 무대를 좌우, 앞뒤 모두 이용해서 넓게 써라.
○ 대사가 입에 붙지 않으면 내 말투에 맞게 고쳐도 된다.
○ 그 인물이 된 것처럼 표현하라. 혹은 주변에 그 인물과 비슷한 사람이나 텔레비전 속 캐릭터를 모방해라.

7. 공연하기

활동 초점

① 무대에서 자신의 느낌과 감정을 살려 자신 있게 표현하기

② 분과별 역할에 맞게 공연 진행하기

활동 내용

단계	활동 내용	준비물
활동	공연하기	소품, 의상, 조명 등
	동아리 활동 마무리하기	A4용지

활동

1. 공연하기

① 관객 입장

② 공연 관람 주의사항 안내

③ 공연 및 커튼콜

④ 무대 정리

	연출분과	공연분과	극본분과	홍보분과
공연 전	의상, 소품, 음향 점검	대본 숙지	대본 숙지 확인	관람객 입장 안내
공연 중	공연 진행	공연 진행	배우 등·퇴장 관리	공연 에티켓 관리
공연 후	무대 정리	무대 정리	무대 정리	관람객 퇴장 안내

공연 전 의상, 소품 등을 최종 확인하고 장비와 준비 물품들이 제자리에

놓여있는지 점검한다. 공연이 끝나면 동아리 구성원 모두 함께 뒷정리한다. 공연 자료와 물품 중 보관해야 할 것들은 계획성 있게 정리하여 보관한다.

2. 동아리 활동 마무리하기

① 소감 말하기: 연극동아리 활동을 하면서 좋았던 점, 아쉬웠던 점, 성장한 점을 한 명씩 돌아가면서 이야기한다.

② 연극동아리 사용설명서 작성하기: 내년 연극동아리에 들어올 후배들을 위해 연극동아리 활동 시 중요한 점, 주의해야 할 점, 좋은 점 등 사용설명서를 작성한다.

우리 동아리 소개(특징 등)	동아리 하면서 좋았던 점
동아리 활동 소감	이런 학생들에게 연극동아리를 추천해요

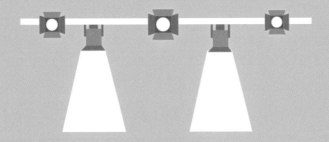

2부

n년차를 위한 연극동아리
(응용편)

오브제 중심
저학년 연극놀이동아리
프로그램

오브제 중심 연극놀이동아리 교육과정 이야기

상상의 세계로 가는 모험

1부에서 저학년을 위한 기본적인 연극놀이동아리 교육과정을 담아냈다면, 이번에는 변형한 동아리 교육과정을 구성해보았다. 오브제를 통해 저학년 아이들의 상상력을 적극적으로 끄집어낼 수 있도록 꾸몄다. 이 교육과정은 회기마다 특징적인 〈상상 속의 나라〉를 주제로 활동한다. 흥미를 자아내는 오브제는 아이들의 상상력을 극대화한다. 아날로그 시대부터 유튜브 시대까지 저학년 아이들은 여전히 상상 속 나라에 몰입하는 것을 좋아한다. 아이들의 몰입 속에서 일상의 교실은 매번 다른 〈상상 속의 나라〉로 탈바꿈한다.

이 교육과정이 응용편에 들어가 있는 이유는 교사가 특별한 무대장치 없이 아이들을 수업 대화로 상상의 나라에 빠뜨려야 하기 때문이다. 그래서 교사의 자연스러운 수업 대화방식이 이 교육과정의 핵심이라고 할 수 있다. 교사의 말 한마디, 한 마디에 몰입할 수 있을 만큼, 아이들과 충분히 친해졌을 때 이 동아리 교육과정을 진행하기를 권한다.

오브제

오브제는 무엇일까? 오브제는 미술에서 초현실주의 사조에서 쓰인 용어다. 일상에서 쓰는 물건을 본래의 용도와 다르게 작품에서 사용하여 새로운 느낌을 느끼게 하는 물건을 의미한다. 이 책에서 오브제도 이와 같은 맥락에서 사용하고 있다. 아이들이 일상에서 보기 어렵지 않은 물건을 연극놀이 활동에 사용하여, 원래의 용도와 다르게 사용하고 새로운 의미를 부여한다. 신문지가 때로는 빙판이 될 수도 있고, 눈덩이가 될 수도 있다. 오브제는 아이들의 상상력을 한껏 끌어올리는 도구다.

이 책에서 사용한 오브제를 선별하는 기준은 다음과 같다. 첫째, 지출 품의를 통해 구매 가능한가다. 학교 동아리운영비를 통해 구매하기에 어렵지 않은 물건을 중심으로 오브제를 선별하였다. 그리고 구매하지 않아도 학교에서 구하기 쉬운 물건을 중심으로 구성하였다. 둘째, 아이들과 활동하기에 안전한가다. 아무리 좋은 활동도 아이들이 다치는 경우 그 활동은 의미가 없어진다. 아이들이 다치지 않고 안전하게 활동하며 상상의 세계로 나아갈 수 있는 오브제로 구성하였다. 셋째, 각 수업 별 〈상상의 나라〉를 탄탄하게 뒷받침할 수 있는 오브제를 구성하였다. 각각의 오브제 특성에 회기별 〈상상의 나라〉의 특징을 담아내기 쉬운 것들로 선정하여 아이들이 쉽게 몰입할 수 있도록 했다.

간결함

프로그램 운영에 관해 최대한 간결하게 서술하였다. 프로그램 구성안의 여백은 교사 '자신', '학생들', 수업하는 그 '순간'을 녹여 넣으면 된다. 연극놀이 동아리 교육과정은 그 수업을 진행하는 현장의 생생함이 중요하다. 불필요한 안내를 최대한 자제하고 꼭 필요한 설명만 남겨놓았다. 나머지는 이 수업을 진행할 선생님께서 그 순간을 담아 생생하게 진행하면 된다.

분명함

저학년 수업을 할 때 가장 중요한 것은 아이들을 움직이게 하는 교사의 분명한 제시어다. 설명하기 어려운 교육연극 활동을 최대한 분명하게 설명할 수 있도록 하였다. 1회기는 2교시로 계획하였다. 그리고 가급적 10회의 수업이 같은 패턴을 유지하도록 구성했다. 같은 패턴의 수업 구성은 저학년 아이들을 안정적으로 몰입하게 할 수 있게 한다. 그리고 교사에게도 더 직관적으로 수업을 이해하고 진행해나가는 데에 수월하다. 저학년 수업에서는 새로운 수업 구성 방식보다는 흥미롭고 아이들 수준에 맞는 생생한 소재가 더 중요하다는 판단에서였다. 아이들이 흥미로워할 소재 선정을 충실히 하고, 수업 구조는 최대한 쉽게 계획하였다.

<상상 속의 나라>로 떠나는 모험 연간 차시별 운영 계획

회기	오브제	배경	활동 목표	주요 학습 내용 및 활동	준비물
1	-	-	규칙 만들기	- 우리들의 약속 - 주문을 외워라	이젤 패드, 매직
2	신문지	겨울 나라	신문지를 활용한 신체 표현	- 빙판 위 북극곰 - 물개 달리기 - 펭귄들의 눈싸움	신문지
3	훌라후프	요정 나라	훌라후프를 활용한 신체 표현	- 요정의 터널 - 도망쳐 사냥꾼이야 - 요정 나라의 축제	훌라후프
4	찰흙	흙의 나라	찰흙을 활용한 신체 표현	- 세상에서 가장 긴 흙 - 마법에 걸린 흙	찰흙(유토), 동물카드
5	그림자	어둠 나라	그림자를 활용한 신체 표현	- 그림자 잡기 - 그림자 역할극	암실, 조명
6	풍선	풍선 나라	풍선을 활용한 신체 표현	- 아기 풍선 이름 짓기 - 아기 풍선의 소풍 - 사랑하는 아기 풍선	풍선, 신문지
7	바람개비	바람 나라	바람개비를 활용한 신체 표현	- 빙글빙글 인간 - 우리는 풍력 발전소 - 쑥쑥 자란다 우리 바람	바람개비
8	손가락 인형	손가락 나라	손가락 인형을 활용한 신체 표현	- 손가락 인형 만들기 - 손가락 인형 즉흥극	꼬깔콘, 사인펜
9	펀 스틱 (백업)	지팡이 나라	펀 스틱(백업)을 활용한 신체 표현	- 순간 이동 - 콩콩 달리기 - 지팡이 대결	펀 스틱 (백업)
10	보자기	변신 나라	보자기를 활용한 신체 표현	- 변신의 달인 - 3초 변신 - 구미호 변신	보자기

1. 주문을 외워라

활동 초점

① 연극동아리 활동을 위한 규칙 만들기   ② 연극적 약속하기

활동 내용

단계	활동 내용	준비물
활동	우리들의 약속	이젤패드, 매직
	주문을 외워라	

활동

1. 우리들의 약속

여러분은 1년 동안 상상의 나라 속에서 다양한 연극놀이 활동을 할 것입니다. 모두가 즐겁고 행복한 시간을 만들기 위해 어떤 약속이 필요할까요?

2. 주문을 외워라

상상의 나라에 들어가기 위해서 마법의 주문이 필요합니다. 우리 반만의 특별한 주문을 만들어봅시다.

- 특별한 주문 만들기

- 만든 약속과 주문을 큰 종이에 적기

- 동아리 시간마다 게시하기

2. 겨울 나라

활동 초점

① 신문지를 활용한 신체 표현활동 ② 가상의 공간을 상상하고, 역할 표현하기

활동 내용

단계	활동 내용	준비물
준비	겨울 나라 소개하기	-
활동	빙판 위 북극곰	신문지
	물개 달리기	
	펭귄들의 눈싸움	
마무리	느낌 나누기	-

준비

겨울 나라 소개하기

여러분과 〈겨울 나라〉에 갈 시간입니다. 다 같이 우리의 특별한 주문을 외쳐 볼까요? 여러분은 몹시 추운 〈겨울 나라〉에 왔습니다. 〈겨울 나라〉에는 어떤 동물들이 살고 있을까요?

활동

1. 빙판 위 북극곰

여러분 신문지는 지금부터 빙판입니다. 그리고 여러분은 빙판 위에 있는 북극 곰이에요. 빙판이 점점 녹고 있네요. 선생님이 손뼉을 칠 때마다, 신문지 빙판

을 절반으로 접습니다. 빙판 위에서 끝까지 살아남는 북극곰을 찾아볼게요.

① 신문지 위에 학생들이 한 명씩 선다.

② 교사가 손뼉을 치면, 신문지를 절반으로 접는다.

③ 절반으로 접은 신문지 위에 학생들이 서고, 발이 신문지 밖으로 나오면 탈락이다.

④ 박수를 여러 번 반복하고, 가장 마지막까지 살아남은 학생이 승리한다.

2. 물개 달리기

여러분은 물개가 되어 반환점을 돌아 안전지대로 들어오세요. 안전지대에는 두 마리 중 한 마리만 들어올 수 있습니다. 무릎이 땅에서 떨어지면 안 됩니다.

① 학생 전체를 두 팀으로 나누고, 반환점 두 개를 만든다.

② 학생들은 무릎에 신문지를 데고, 물개 흉내를 내며 반환점을 돌아온다.

③ 더 빨리 반환점을 돌아온 물개가 승리한다.

3. 펭귄들의 눈싸움

두 펭귄 마을에 싸움이 벌어졌습니다. 여러분은 신문지로 눈덩이를 만들어서, 마음에 드는 펭귄 마을로 이동하세요. 펭귄이 되어 눈싸움을 해봅시다.

① 신문지를 둥글게 말아 눈덩이를 만든다.

② 자신의 마을을 골라 교실 양쪽으로 갈라선다.

③ 신문지 눈덩이를 활용해서 눈싸움한다.

마무리

오늘 〈겨울 나라〉에 다녀왔습니다. 느낀 점을 친구들과 이야기해 봅시다.

3. 요정 나라

활동 초점

① 훌라후프를 활용한 신체 표현 활동하기   ② 가상의 공간을 상상하고, 역할 표현하기

활동 내용

단계	활동 내용	준비물
준비	요정 나라 소개하기	-
활동	요정의 터널	훌라후프
	도망쳐 사냥꾼이야	
	요정 나라의 축제	
마무리	느낌 나누기	-

준비

요정 나라 소개하기

여러분과 〈요정 나라〉에 갈 시간입니다. 다 같이 우리의 특별한 주문을 외쳐 볼까요? 지금 여러분은 요정들이 사는 나라에 와 있습니다. 〈요정 나라〉는 어떤 모습일까요? 요정나라를 상상해봅시다.

활동

1. 요정의 터널

요정 나라에는 정말 아름다운 터널이 있습니다. 함께 요정 나라 터널을 만들고 지나가 봅시다.

① 훌라후프를 한 개씩 들고 일렬로 선다.

② 맨 앞사람부터 훌라후프 터널을 통과한다.

③ 통과한 학생은 맨 처음으로 돌아와 첫 번째 사람의 훌라후프를 대신 잡는다.

④ 훌라후프를 건네준 사람은 요정의 터널을 통과하고 다시 돌아와 두 번째 사람의 훌라후프를 대신 잡는다.

⑤ 마지막 사람이 훌라후프를 통과할 때까지 반복한다.

2. 도망쳐 사냥꾼이야

평화로운 요정 나라에 사냥꾼이 나타났어요. 요정 나라에는 요정만 들어갈 수 있는 비눗방울이 있어요. 사냥꾼을 피해 비눗방울에 들어가 봅시다.

① 술래(사냥꾼)를 정한다.

② 훌라후프를 여러 개 바닥에 깔아놓는다.

③ 술래는 훌라후프 안에 들어간 요정을 잡을 수 없다.

④ 훌라후프 안에 들어간 사람은 10초가 지나면 밖으로 나가야 한다.

⑤ 이동 중 술래(사냥꾼)에게 잡힌 사람은 술래가 된다.

3. 요정 나라의 축제

오늘은 요정 대왕님의 생일날입니다. 생일날이 되면, 요정 대왕님이 추는 춤을 따라서 추는 축제를 합니다.

① 동그랗게 선다.

② 요정 대왕을 뽑고, 요정 대왕은 원 한가운데에 들어간다.

③ 신나는 음악을 틀고, 요정 대왕이 추는 춤을 모두 따라서 춘다.

④ 가장 즐겁게 춤을 춘 요정을 교사가 뽑는다.

⑤ 교사가 뽑은 학생으로 요정 대왕을 교체하며 활동을 반복한다.

마무리

여러분은 오늘 〈요정 나라〉에 다녀왔습니다. 그리고 오늘 모험을 통해 느낀 점을 친구들과 이야기해 봅시다.

4. 흙의 나라

활동 초점

① 찰흙을 활용한 신체 표현활동   ② 가상의 공간을 상상하고, 역할 표현하기

활동 내용

단계	활동 내용	준비물
준비	흙의 나라 소개하기	-
활동	세상에서 가장 긴 흙	찰흙(유토), 동물 카드 (활동 1,2,3을 이어서 할 수 있도록
	마법에 걸린 흙	잘 굳지 않는 유토를 추천함.)
마무리	느낌 나누기	-

준비

흙의 나라 소개하기

여러분과 〈흙의 나라〉에 갈 시간입니다. 다 같이 우리의 특별한 주문을 외쳐
볼까요? 여러분 만약 흙이 살아 움직인다면 어떨까요? 여러분은 오늘 〈흙의
나라〉에 와 있습니다. 〈흙의 나라〉는 어떤 모습일까요? 흙의 나라를 상상해
봅시다.

활동

1. 세상에서 가장 긴 찰흙

세상에서 가장 긴 찰흙을 만들어 보겠습니다. 우리 반을 한 줄로 섰을 때보
다 더 긴 찰흙을 만들 수 있을까요?

① 찰흙을 길게 만들어 연결한다.

② 우리 반을 한 줄로 선 것과 비교한다.

2. 마법에 걸린 흙

여러분 마법에 걸린 흙은 동물 모양으로 변합니다. 과연 어떤 동물일까요?

① 3~4개의 모둠으로 나눈다.

② 모둠별로 술래를 정한다.

③ 한 모둠씩 앞으로 나오면 술래만 눈을 감는다.

④ 술래를 제외한 모둠원에게 동물이 적혀있는 카드를 교사가 보여준다.

⑤ 술래를 제외한 모둠원은 주어진 시간 동안 한 명씩 돌아가며, 찰흙으로 동물을 만든다.

⑥ 모든 모둠원이 찰흙 빚기 순서가 끝나면 술래는 동물이 무엇인지 맞힌다.

⑦ 모둠별로 순서를 돌아가며 활동을 한다.

마무리

느낌 나누기 여러분은 오늘 〈흙의 나라〉에 다녀왔습니다. 오늘 모험을 통해 느낀 점을 친구들과 이야기해 봅시다.

5. 어둠 나라

활동 초점

① 그림자를 활용한 신체 표현활동   ② 가상의 공간을 상상하고, 역할 표현하기

활동 내용

단계	활동 내용	준비물
준비	어둠의 나라 소개하기	-
활동	그림자 잡기	-
	그림자 역할극	암실, 조명
마무리	느낌 나누기	-

준비

어둠의 나라 소개하기

여러분과 〈어둠의 나라〉에 갈 시간입니다. 다 같이 우리의 특별한 주문을 외쳐볼까요? 여러분은 〈어둠의 나라〉에 와 있습니다. 〈어둠의 나라〉는 어떤 모습일까요? 어둠의 나라를 상상해봅시다.

활동

1. 그림자 잡기

그림자 나라에서는 그림자를 뺏기면 자신의 영혼을 잃어버리게 됩니다. 그림자 사냥꾼을 피해 도망 다니는 놀이를 해봅시다.

① 그림자 사냥꾼(술래)을 정한다.

② 나머지 사람들은 그림자 사냥꾼(술래)을 피해 도망친다.

③ 그림자 사냥꾼(술래)이 그림자를 밟으면 술래가 된다(교실에 그림자가 생기지 않는 경우, 밝은 날 운동
  장에서 활동한다).

2. 그림자 역할극

이번에는 모둠별로 손을 이용하여 그림자 역할극 해보도록 하겠습니다. 그림자를 이용하여 즉흥적인 이야기를 만들어주세요.

① 교실에 커튼을 쳐 빛을 최대한 차단한다.

② 조명을 활용하여 칠판에 빛을 만든다.

③ 모둠별로 손가락을 활용하여 이야기를 만들어 발표한다.

마무리

느낌 나누기 여러분은 오늘 〈어둠 나라〉에 다녀왔습니다. 오늘 모험을 통해 느낀 점을 친구들과 이야기해 봅시다.

6. 풍선 나라

활동 초점

① 풍선을 활용한 신체 표현활동 　　　② 가상의 공간을 상상하고, 역할 표현하기

활동 내용

단계	활동 내용	준비물
준비	풍선 나라 소개하기	-
활동	아기 풍선 이름 짓기	풍선, 신문지
	아기 풍선의 소풍	
	사랑하는 아기 풍선	
마무리	느낌 나누기	-

준비

풍선 나라 소개하기

여러분과 〈풍선 나라〉에 갈 시간입니다. 다 같이 우리의 특별한 주문을 외쳐볼까요? 여러분 만약 풍선이 살아 움직인다면 어떨까요. 여러분은 〈풍선 나라〉에 와 있습니다. 〈풍선 나라〉는 어떤 모습일까요? 풍선 나라를 상상해봅시다.

활동

1. 아기 풍선 이름 짓기

여러분은 아기 풍선의 보호자가 되었습니다. 아기 풍선에게 어울리는 이름을

만들어주고, 아기 풍선을 돌봐주세요.

① 모둠별로 풍선을 한 개씩 나눠준다.

② 풍선에 눈, 코, 입을 그려 꾸민다.

③ 모둠별로 풍선에 이름을 지어준다.

④ 아기 풍선을 소중하게 대한다.

　예시: 밥 주기, 재우기, 업어주기, 놀아주기, 안아주기 등

2. 아기 풍선의 소풍

지금부터 아기 풍선을 데리고 소풍을 가려 합니다.
소중한 아기 풍선을 신문지 유모차에 태워 교실을
한 바퀴 돌아주세요.

① 교실에 두 개의 반환점을 둔다.

② 모둠원 전체는 각각 한 손으로 신문지 끝을 잡는다.

③ 신문지 위에 아기 풍선을 올려놓고, 두 모둠이 반환점을 먼저

　돌아오는 시합을 한다.

④ 아기 풍선을 떨어뜨리지 않고, 먼저 반환점을 돌아오는 모둠이 승리한다.

3. 사랑하는 아기 풍선

이번에는 우리 모두의 손을 잡고 원을 만들어봅시다. 그리고 가운데에 아기
풍선들을 놓습니다. 선생님의 신호에 맞춰 아기 풍선들을 손을 쓰지 않고,
모두 손을 잡은 채로 끌어 안아봅시다. 우리 반은 과연 아기 풍선을 몇 개까
지 끌어안을 수 있을까요.

① 학급 전체가 손을 잡고 원을 만든다.

② 원 가운데에 아기 풍선들을 모아놓는다.

③ 손을 잡은 상태에서 아기 풍선을 최대한 많이 들어 올린다.

마무리

느낌 나누기 여러분은 오늘 〈풍선 나라〉에 다녀왔습니다. 오늘 모험을 통해 느낀 점을 친구들과 이야기해 봅시다.

7. 바람 나라

활동 초점

① 바람개비를 활용한 신체 표현활동　　　② 가상의 공간을 상상하고, 역할 표현하기

활동 내용

단계	활동 내용	준비물
준비	바람 나라 소개하기	-
활동	빙글빙글 인간	바람개비
	우리는 풍력 발전소	
	쑥쑥 자란다 우리 바람	
마무리	느낌 나누기	-

준비

바람 나라 소개하기

여러분과 〈바람 나라〉에 갈 시간입니다. 다 같이 우리의 특별한 주문을 외쳐

볼까요? 여러분은 〈바람 나라〉에 와 있습니다. 〈바람 나라〉는 어떤 모습일까

요? 바람 나라를 상상해봅시다.

활동

1. 빙글빙글 인간

우리 반에서 가장 많이 빙글빙글 돌 수 있는 사람은 누구일까요? 제자리에서

바람개비를 들고 빙글빙글 돌며 바람개비를 돌려봅시다.

① 자신만의 바람개비를 만든다.

② 각자 제자리에서 빙글빙글 돌며 바람개비를 돌린다.

2. 우리는 풍력 발전소

모둠별로 입으로 바람을 불어서 오랫동안 바람개비를 돌려봅시다. 어떤 모둠이 가장 오래 바람개비를 돌릴까요?

① 모둠별로 가장 튼튼하고 잘 돌아가는 바람개비 하나를 뽑는다.

② 바람개비를 한 곳에 세워 두고, 모둠원이 함께 입으로 분다.

③ 바람을 불어 가장 오래 바람개비를 돌리는 모둠이 승리한다.

3. 쑥쑥 자란다 우리 바람

친구들과 돌아다니며 가위바위보를 하여 여러분의 바람을 성장시켜봅시다. 가위바위보에 이기면 '아기바람-봄바람-여름바람-가을바람-겨울바람' 순서로 여러분의 바람이 성장합니다. 가장 먼저 겨울바람이 되는 사람은 누구일까요?

① 바람개비를 들고 자유롭게 돌아다닌다.

② 돌아다니며 만난 사람과 가위바위보를 한다.

③ 이기면 '아기바람-봄바람-여름바람-가을바람-겨울바람' 순서로 성장한다.

④ 지면 아래 단계로 내려간다.

⑤ 가장 먼저 겨울바람이 된 사람을 뽑는다.

마무리

오늘 〈바람 나라〉에 다녀왔습니다. 느낀 점을 친구들과 이야기해 봅시다.

8. 손가락 나라

활동 초점

① 손가락을 활용한 신체 표현활동   ② 가상의 공간을 상상하고, 역할 표현하기

활동 내용

단계	활동 내용	준비물
준비	손가락 나라 소개하기	-
활동	손가락 인형 만들기	꼬깔콘, 사인펜
	손가락 인형 즉흥극	
마무리	느낌 나누기	-

준비

손가락 나라 소개하기

여러분과 〈손가락 나라〉에 갈 시간입니다. 다 같이 우리의 특별한 주문을 외쳐볼까요? 여러분은 〈손가락 나라〉에 와있습니다. 〈손가락 나라〉는 어떤 모습일까요? 손가락 나라를 상상해봅시다.

활동

1. 손가락 인형 만들기

〈손가락 나라〉에서 여러분의 손가락은 모두 말을 할 수 있습니다. 여러분 손가락은 어떤 표정을 짓고 어떤 얼굴일까요. 손가락들의 성격이 드러나게 인형을 만들어봅시다.

① 손가락에 꼬깔콘을 씌운다.

② 손가락 별로 역할을 만든다.

③ 역할에 어울리는 얼굴을 그린다.

2. 손가락 인형 즉흥극

이번에는 모둠별로 손가락 인형을 이용하여 역할극을 해보도록 하겠습니다.

손가락을 이용하여 즉흥적인 이야기를 만들어주세요.

① 모둠원의 손가락 인형에 어울리는 역할을 정한다.

② 정한 손가락 인형의 역할에 알맞게 이야기를 만든다.

③ 모둠별로 손가락 인형을 활용한 즉흥극을 한다.

마무리

느낌 나누기 여러분은 오늘 〈손가락 나라〉에 다녀왔습니다. 오늘 모험을 통해 느낀 점을 친구들과 이야기해 봅시다.

9. 지팡이 나라

활동 초점

① 펀 스틱(백업)을 활용한 신체 표현활동   ② 가상의 공간을 상상하고, 역할 표현하기

활동 내용

단계	활동 내용	준비물
준비	지팡이 나라 소개하기	-
활동	순간 이동	펀 스틱(백업)
	콩콩 달리기	
	지팡이 대결	
마무리	느낌 나누기	-

준비

지팡이 나라 소개하기

여러분과 〈지팡이 나라〉에 갈 시간입니다. 다 같이 우리의 특별한 주문을 외쳐볼까요? 여러분은 오늘 〈지팡이 나라〉에 와 있습니다. 〈지팡이 나라〉는 어떤 모습일까요? 지팡이 나라를 상상해봅시다.

활동

1. 순간 이동

순간 이동을 하게 해주는 지팡이가 있습니다. 과연 여러분들은 순간 이동을 몇 번 성공할 수 있을지 도전해봅시다.

① 한 모둠을 뽑아, 동그란 원 모양으로 선다.

② 모둠원은 각각 지팡이(펀 스틱)를 바닥에 닿게 길게 세워 든다.

③ 교사의 박수 소리에 맞추어, 오른쪽 사람의 지팡이(펀 스틱)가 쓰러지기 전에 이동하며 잡아 세운다.

④ 모두 다 지팡이(펀 스틱)를 쓰러트리지 않고 자리를 이동하면, 순간 이동에 성공한다.

⑤ 모둠별로 순간 이동을 가장 많이 한 모둠이 승리한다.

2. 콩콩 달리기

이번에는 지팡이를 타고 하늘을 날아봅시다. 지팡이를 타고 릴레이 경주를 해 봅시다.

① 학생 전체를 두 팀으로 나눈다.

② 교실에 두 개의 반환점을 둔다.

③ 지팡이(펀 스틱)를 다리 사이에 꽂아 타고, 반환점을 돌아온다.

3. 지팡이대결

지팡이로 결투를 해봅시다. 오늘의 승자는 누구일까요? 대결 놀이를 해 봅시다.

① 두 명씩 지팡이(펀 스틱)를 활용하여 결투를 한다.

② 상대방 얼굴에 닿으면 패배하고, 오직 펀 스틱은 가슴 아래로만 닿을 수 있다.

마무리

느낌 나누기 여러분은 오늘 〈지팡이 나라〉에 다녀왔습니다. 오늘 모험을 통해 느낀 점을 친구들과 이야기해 봅시다.

10. 변신 나라

활동 초점

① 보자기를 활용한 신체 표현활동　　② 가상의 공간을 상상하고, 역할 표현하기

③ 10회기 동아리 활동 마무리하기

활동 내용

단계	활동 내용	준비물
준비	변신 나라 소개하기	-
활동	변신의 달인	보자기
	3초 변신	
	구미호 변신	
마무리	느낌 나누기, 동아리 활동 마무리	-

준비

모험의 나라 소개하기

여러분과 〈변신 나라〉에 갈 시간입니다. 다 같이 우리의 특별한 주문을 외쳐 볼까요? 여러분은 〈변신 나라〉에 와 있습니다. 〈변신 나라〉에서는 무엇으로든 변신할 수 있습니다. 여러분은 어떤 모습일까요? 변신 나라를 상상해봅시다.

활동

1. 변신의 달인

한 모둠에 보자기를 한 개씩 나눠주겠습니다. 보자기로 주제에 맞게 자신을 꾸미고 모둠별로 비교해봅시다.

① 모둠별로 보자기를 한 개씩 나눠준다.

② 변신시킬 모둠원 한 명을 정한다.

③ 교사의 제시어에 맞게 한 명을 변신시킨다.

2. 3초 변신

선생님의 보자기는 동물로 변신시키는 마법 보자기입니다. 과연 누가 변신을 가장 잘할까요?

① 학생 한 명을 뽑아서 앞에 나와 카드를 뽑는다.

② 교사는 보자기를 펼쳐서 학생을 가린다.

③ 3초 후, 보자기를 내리고 학생은 몸으로 동물을 표현한다.

④ 나머지 학생 중 맞춘 학생은 앞에 나와서 문제를 낸다.

3. 구미호 변신

여러분은 이제 여우입니다. 선생님의 신호와 함께 서로 꼬리를 잡으러 다닙니다. 아홉 개의 꼬리를 먼저 모으면 구미호가 됩니다.

① 학생들은 모두 보자기를 엉덩이 쪽 벨트 구멍에 꼬리처럼 집어넣는다.

② 자유롭게 돌아다니며 꼬리잡기를 한다.

③ 9개 꼬리를 가장 먼저 모은 학생이 승리한다.

마무리

느낌 나누기

여러분은 오늘 〈변신 나라〉에 다녀왔습니다. 오늘 모험을 통해 느낀 점을 친구들과 이야기해 봅시다.

동아리 활동 마무리

우리가 함께 떠났던 나라에서 어떤 곳이 가장 재미있었나요? 다시 가서 모험을 즐기고 싶은 나라가 있나요?

어떤 오브제(물건)가 여러분은 표현하기에 좋았나요? 다음에 이런 활동을 또 한다면 무엇으로 어떤 나라로 가고 싶은가요?

- 지금까지 동아리 활동에 대한 소감 나누기
- 동아리 활동하는 사진이나 동영상을 보며 정리하기

그러니까, 연극

주제 중심
중학년 연극동아리
프로그램

주제가 살아 숨 쉬는 연극동아리

중학년 대상 동아리는 연극놀이와 연극 만들기 중간 지점에 있다. 저학년이 놀이 중심이고 고학년이 무대 중심, 다른 예술 교과 중심 프로그램이라면 분명 중학년은 연극놀이, 즉흥극, 팬터마임, 조각 만들기, 빈 의자, 핫시팅 기법들을 활용한 교육연극동아리다. 하지만 기법 익히기에 초점을 두지 않았다. 담임 중심의 학급 학생들로 구성되는 부서도 있지만, 연극 체험을 희망해서 모인 동아리일 확률이 높기 때문이다. 다양한 주제로 교육연극 기법을 엮었고, 그 주제는 12회기 동안 학생들의 활동 초점을 묶을 수 있는 맥락을 제공했다.

중학년 학생들은 다른 학년들보다 자신의 생각을 표현하고자 하는 욕구가 강하다. 교육연극은 교실 수업에서 활용되는 말을 포함하여 자신의 신체, 주변 물건 등 학생을 둘러싸고 있는 모든 것들이 표현의 수단으로 활용된다. 학생 주위 환경이 학생들만의 상상으로 변화할 때, 학생들에게 큰 흥미를 불러일으킨다. 교육연극동아리는 아이들만의 창의적이고 기발한 표현을 경험하게 할 수 있다.

본 프로그램에서는 학생들의 삶에서 점차 확대하는 다양한 주제들을 경험하고 표현한다. 생각을 표현함에서 맞다, 틀리다의 정답은 없기에 표현을 '잘하는 것'에 목적을 두지 않는다. 주제에 대한 자신의 생각을 발전시키고 적절한 방법을 활용하여 표현하는 것에 중점을 둔다. 동아리 활동을 통해 수업 현장에서 무기력한 학생들, 발표에 소극적이었던 내성적인 학생들이 동아리에서는 달라진 모습을 경험할 수 있다.

주제 중심 연극동아리 프로그램 지도 시 유의할 점

① 본 프로그램은 1회기 당 2교시 수업을 기준으로, 총 12회 수업으로 구성되었다.

② 본 프로그램은 주제별로 구성되어 있어, 동아리 활동 시기·학교 행사 등에 따라 선택 및 재구성하여 활용 가능하다.

③ 회기별 제시된 연극놀이 역시 동아리 활동 학생 구성 및 특성에 따라 선택 및 변형하여 활용 가능하다.

④ 신호 벨, 이젤 패드, 포스트잇, 유성 매직, A4용지는 본 프로그램 활동에서 자주 사용되는 준비물이니 미리 준비해놓으면 좋다.

⑤ 동아리 활동 시작 전, 학생들과의 연극적 약속은 필수적이다.

- '우리는 무엇이든 될 수 있고, 어디든 갈 수 있다.'라는 연극적 약속

- '하나, 둘, 셋', '쓰리, 투, 원, 액션!', '종소리' 등 연극적 표현 시작과 끝맺음을 기억하기

- '모든 표현에는 정답이 없다.' 같은 존중에 대한 약속, 목소리 크기, 교실 발표장소 위치, 방해하는 행동하는 학생에 대한 규칙 만들기

주제중심 연극동아리 프로그램 연간 차시별 운영계획

주제	회기	활동 제목	주요 학습 내용 및 활동	준비물
도입	1	동아리로 만난 우리, 친구야 반가워	- 연극동아리 친구 만나기 - 연극동아리 규칙 만들기 - 연극동아리 기대감 나누기 - 연극동아리 활동 소개하기	스펀지 공, 라벨지, 유성 매직, 포스트잇, 이젤패드
나	2	진짜 나는 누구일까요?	- '가짜 나 작전' 시작하기 - '가짜 나 로봇'의 탄생 - '가짜 나 로봇'의 하루	8절지, 유성 매직, A4용지, 사인펜
친구	3	친구야 힘내!	- 울고 있는 친구에게 말 걸기 - 울고 있는 친구를 위한 선물 만들기 - 울고 있는 친구에게 선물 전달하기	신호벨, A4용지, 사인펜, 천사 점토
가족	4	○○이 사라졌다	- 우리 집 속으로 - 엄마가 사라졌다 - 엄마의 하루 - 엄마의 속마음	집 안 사진, 라벨지, 사인펜, 신호벨 이젤패드, A4용지, 유성 매직
학교	5	룰루랄라 학교 가는 길	- 기상천외 학교 가는 길 - 학교에 늦은 이유 - 학교에 늦지 않는 능력 만들기	8질지, 사인펜, 신문지, 테이프
장애	6	너도 친구야!	- ○○의 행동 표현하기 - ○○은 누구일까? - ○○가 학교에 오지 않는 이유 - 내 단짝이라면?	도화지, 사인펜, 그림책 『내 친구 마 틴은 말이 좀 서툴 러요』
동네	7	우리 동네 전설을 찾아서	- 우리 동네 자랑거리 떠올리기 - 우리 동네 자랑거리 조각상 발표하기 - 우리 동네 전설 만들기 - 우리 동네 자랑거리 책 만들기	포스트잇, 펜, A4용지, 사인펜, 색연필
환경	8	쓰레기의 탄생	- 우리 주위 쓰레기 찾기 - 쓰레기의 일생	A4용지, 펜

주제	회기	활동 제목	주요 학습 내용 및 활동	준비물
낭독극	9	낭독극 만나기	- 내가 좋아하는 책 소개하기 - 책 선정하기 - 낭독극 소리 더하기 - 낭독극 하기	간단한 대본, 플래그 포스트잇
즉흥극	10	즉흥극 만나기	- 내가 좋아하는 시 소개하기 - 시의 내용 표현하기 - 시의 전후 상황 장면 상상하기 - 시의 장면 즉흥극 하기	시(집), 스마트폰
낭독 극·즉 흥극	11	나도 작가	- 낭독극 책 정하기 - 낭독극 하기 - 이야기 결말 바꾸기	플래그 포스트잇
정리	12	동아리로 만난 우리, 이제 안녕	- 가장 기억에 남는 활동 소개하기 - 칭찬샤워 - 연극 관련 영상 보기	

1. 동아리로 만난 우리, 친구야 반가워

활동 초점

동아리 친구 만나 동아리 활동에 대한 기대감 갖기

활동 내용

단계	활동 내용	준비물
준비	동아리 구성원 출석 확인하기	-
	연극놀이로 마음 열기	스펀지 공
활동	연극동아리 친구 만나기	라벨지, 유성 매직
	연극동아리 규칙 만들기	포스트잇, 이젤패드, 유성 매직
	연극동아리 기대감 나누기	-
	연극동아리 활동 소개하기	-
마무리	연극동아리 규칙 확인하기	-
	느낌 나누기	-

준비

1. 동아리 구성원 출석 확인하기

동아리 활동을 시작하기 전, 모든 구성원이 왔는지 이름을 부르며 출석을 확인한다.

2. 과일 바구니

① 교사 혹은 사회자가 각각 학생들에게 과일 이름(예시: **딸기, 수박, 복숭아 등**)을 하나씩 부여한다.

② 술래가 "나는 ○○을 좋아해."라고 말하면 해당 과일 이름을 가진 친구들은 일어나 자신의 자

리가 아닌 다른 자리로 옮긴다.

③ 술래가 "과일 바구니"라고 말하면 모든 친구가 일어나 다른 자리로 이동한다.

④ 자리 바꾸기가 일어나는 동안 술래는 빈자리로 가서 앉고, 자리에 앉지 못한 친구가 술래가 된다.

3. 공 던지며 이름 부르기

① 동그란 원을 만들어 마주 앉는다.

② 한 친구가 다른 친구의 이름을 부르며, 이름을 부른 친구에게 공을 던진다.

③ 공을 받은 친구는 또 다른 친구에게 공을 던지며 이름을 부른다.

활동

1. 연극동아리 친구 만나기

여러분은 연극동아리 1년 동안 연극으로 즐거운 시간을 보내기 위해 만나게 되었습니다. 서로를 잘 알고 있는 친구들도 있지만, 처음 보는 친구들도 있습니다. 우리 동아리에는 어떤 친구들이 있는지 알아봅시다.

- 처음 만난 친구들에게 소개할 나만의 이름표를 라벨지로 만들어 붙이고 소개하기

- 동아리 구성원들과 공통점(명확한 지시어: 혈액형, 태어난 월, 같은 성씨 등) 찾아 모이기

- 지시어 중 몇 가지는 정지장면으로 표현하기

2. 연극동아리 규칙 만들기

우리가 앞으로 즐거운 연극 활동을 하기 위해서는 규칙이 필요합니다. 어떤 규칙이 필요할지 이야기해 봅시다.

- 동아리 활동을 하면서 필요한 규칙을 포스트잇에 적고 무리 짓기

- 동아리 활동을 하면서 함께 지켜야 할 규칙 만들기

- 함께 만든 규칙을 이젤 패드에 써서 동아리실 벽에 붙이기

3. 연극동아리 기대감 나누기

우리는 조금 더 가까워진 것 같습니다. 여러분들은 우리가 앞으로 함께 할 연극에 대해 알고 있나요?

- 연극을 보거나 직접 참여한 경험, 연극에 관련된 경험에 관해 이야기하기

여러분들은 앞으로 연극동아리에서 어떤 활동을 하고 싶은지 이야기해 봅시다.

- 모둠별로 연극동아리에서 하고 싶은 활동 이야기하기

4. 연극동아리 활동 소개하기

앞으로 다양한 주제로 여러 가지 연극 활동을 할 예정입니다.

- 연간 계획표를 보며 동아리 활동을 소개하고 기대감 갖기

- 가장 기대되는 동아리 활동 살펴보고 이야기하기

마무리

연극동아리 규칙 확인하기 동아리 활동 규칙이 적힌 이젤 패드를 보며 활동 규칙을 크게 읽기.

느낌 나누기 연극동아리 활동 첫 수업에 대한 학생들의 생각과 느낌을 공유하며 마무리.

2. 진짜 나는 누구일까요?

활동 초점

'가짜 나 로봇' 활동을 통한 나의 하루 경험하기

활동 내용

단계	활동 내용	준비물
준비	연극놀이로 마음 열기	신호 벨
활동	'가짜 나 작전' 시작하기	8절지, 유성 매직
	'가짜 나 로봇'의 탄생	-
	'가짜 나 로봇'의 하루	A4용지, 사인펜
마무리	느낌 나누기	-

준비

1. 몸으로 인사하기

① 전체 학생이 침묵 상태로 조용히 교실을 돌아다니다가 교사가 신호를 보내면 멈춰 서서 가장

가까운 사람과 짝을 이뤄 지시대로 인사를 나눈다.

② 이때, 한 번 만난 친구는 연속으로 만날 수 없다.

예시: 서로의 등을 두드리며 "고마워" 말하기, 안마하며 "너는 최고야" 말하기, 손뼉을 마주치며 "네

덕분이야" 말하기, 사랑의 총알 날리며 "힘내" 말하기, 윙크하며 "할 수 있어" 말하기 등

2. 도미노 박수

① 동그란 원을 만들어 마주 선다.

② 가장 먼저 시작하는 학생이 손뼉을 치면 시계 반대 방향으로 돌아가면서 그 동작을 연속하여
　따라 한다.

③ 한 바퀴를 돌아서 두 번째 사람이 새로운 손뼉을 만들어 다시 도미노처럼 움직인다.

④ 손뼉으로 활동이 잘 진행될 경우, 동작을 만들어 도미노를 진행한다.

활동

1. '가짜 나 작전'의 시작

여러분은 가끔 나를 대신 하는 로봇이 있었으면 하
는 상상을 해본 적이 있습니까? 어떤 로봇이 있으면
좋을지 이야기해 봅시다.

- 나를 대신할 수 있는 어떤 로봇이 있으면 좋을지 이야기하기

- '가짜 나 로봇'에게 나에 대한 어떤 점을 알려주면 좋을지 이야기
　하기

나를 대신할 수 있는 완벽한 로봇을 만들기 위해 로
봇에게 나에 대해 알려줍시다.

모둠별로 로봇 실루엣을 간단히 그린 후 로봇이 알아야 하는 나의 정보를 채워 적기

2. '가짜 나 로봇'의 탄생

모둠별로 '가짜 나 로봇'을 만들어 진짜 '나'가 되기 위한 훈련을 해봅시다.

- 모둠별로 '가짜 나 로봇'이 될 인물 고르기

- 모둠별로 한 명의 친구가 '가짜 나 로봇'이 되어 로봇 실루엣에 적힌 '나'처럼 행동하기

3. '가짜 나 로봇'의 하루

'가짜 나 로봇'이 진짜 '나'를 대신하는 하루는 어떨까요?

- 모둠별로 '가짜 나 로봇'의 하루를 간단한 이야기로 적기

- 모둠의 한 명이 '가짜 나 로봇'의 하루 이야기를 읽으면, 나머지 모둠원은 이야기에 어울리는 장

  면 표현하기

마무리

오늘 활동에 대한 학생들의 느낌과 생각을 공유하며 마무리하기

3. 친구야 힘내!

활동 초점

'울고 있는 친구'를 위한 힘이 되는 선물 만들기

활동 내용

단계	활동 내용	준비물
준비	연극놀이로 마음 열기	신호 벨, A4용지, 사인펜
활동	울고 있는 친구에게 말 걸기	-
	울고 있는 친구를 위한 선물 만들기	천사 점토, 사인펜
	울고 있는 친구에게 선물 전달하기	-
마무리	느낌 나누기	-

준비

1. 끼리끼리 만나기

① 원을 만들어 교사가 신호 벨에 맞춰 지시어를 주면 해당하는 사람들끼리 모인다.

② 교사가 제시한 마지막 제시어에 모인 친구들끼리 지시어를 나타내는 표현을 한다.

2. 친구 얼굴 그리기

① 두 명씩 짝을 이뤄 얼굴을 마주 보고 앉는다.

② 친구의 눈을 바라보며 친구의 얼굴을 종이에 그린다. 이때, 그림을 그리고 있는 종이를 보지 않

도록 한다.

활동

1. 울고 있는 친구에게 말 걸기

저기 학교 정문 앞에서 한 친구가 학교에 가기 싫다고 울고 있습니다. 무슨 일 때문에 우는지 친구에게 물어봅시다.

- 울고 있는 친구의 모습을 화면에 띄우고, 학생들은 친구가 왜 울고 있는지 묻기

- 모둠별로 친구가 우는 이유에 관해 이야기 나누기

- 모둠별로 친구가 우는 이유에 대한 장면 만들기

2. 울고 있는 친구를 위한 선물 만들기

울고 있는 친구를 도와줄 수 있는 선물을 만들어봅시다.

- 모둠별로 울고 있는 친구를 위한 선물을 천사 점토로 만들기

3. 울고 있는 친구에게 선물 전달하기

여러분이 만든 선물을 울고 있는 친구에게 전달해봅시다.

- 교사가 울고 있는 친구의 역할을 하고, 모둠별로 선물을 울고 있는 친구에게 전달하기

- 선물을 받은 친구(교사)에게 만든 선물의 사용 방법에 관해 이야기하기

마무리

오늘 활동에 대한 학생들의 느낌과 생각을 공유하며 마무리하기

4. ○○이 사라졌다

활동 초점

극 속에서 '엄마가 사라졌다' 사건 해결하기

활동 내용

단계	활동 내용	준비물
준비	연극놀이로 마음 열기	신호 벨
활동	우리 집 속으로	집 안 사진
	엄마가 사라졌다	이젤패드, 라벨지, 유성 매직
	엄마의 하루	A4용지, 사인펜
	엄마의 속마음	이젤패드, 라벨지, 유성 매직
마무리	느낌 나누기	-

준비

1. 만나서 반가워

① 동그란 원을 만들어 마주 앉는다.

② 술래가 "안녕, 나는 ○○이야"라고 말하면 다른 친구들은 "○○아 반가워"라고 대답한다.

③ 술래가 "나는 ~한 친구가 반가워"라고 특징을 말하면 술래가 말한 특징에 해당하는 친구는 일어

　나 자신의 자리가 아닌 다른 자리로 옮긴다.

④ 술래는 빈자리로 가서 앉고, 자리에 앉지 못하는 친구가 술래가 된다.

2. 자석처럼 끌어당겨요

① 짝을 지어 한 학생은 자석이 되고, 한 학생은 쇳덩어리가 된다.

② 자석은 쇳덩어리에 손바닥을 살짝 떨어진 채로 대어 교실을 돌아다닌다.

③ 교사의 신호에 따라 역할을 바꾼다.

활동

1. 우리 집 속으로

이곳은 여러분의 집입니다. 평소에 여러분의 가족들은 집에서 무엇을 하고 있나요?

- 모둠별로 가족들이 집에서 어떤 모습으로 있는지 조각상 만들기

2. 엄마가 사라졌다

여러분이 밖에 나갔다가 집에 돌아오니 엄마가 사라졌습니다. 엄마가 사라진 이유가 무엇일까요?

- 교사가 이젤 패드에 '엄마가 사라졌다. 왜냐하면 ~ 때문이다'를 칠판에 붙이기

- 모둠별로 가족 구성원 한가지씩 역할을 맡아 라벨지에 역할 적기

- 모둠별로 엄마가 사라진 이유에 대해 가족 회의하기

- 모둠별로 엄마가 사라진 이유를 발표하기

- 모둠별 발표를 듣고 이젤 패드에 엄마가 사라진 이유 적어 빈칸 채우기

3. 엄마의 하루

여러분이 집을 샅샅이 살펴보다 엄마가 남긴 쪽지를 발견했습니다. 엄마의 쪽지에는 무슨 내용일 적어져 있을까요? 엄마가 사라지기 전 엄마의 하루는 어땠을지 상상해봅시다.

- 모둠별로 엄마의 하루를 간단한 10문장으로 쓰기

- 엄마의 하루를 한 학생이 발표하면, 다른 학생들은 해설에 어울리는 장면 표현하기

4. 엄마의 속마음

엄마가 사라진 이유가 무엇일까요? 엄마가 다시 돌아오도록 여러분이 설득해 봅시다.

- 교사가 이젤 패드에 '엄마는 집에 돌아갈지 고민했다. 그리고 엄마는 ~했다'를 칠판에 붙이기

- 학생들을 두 줄로 마주 보고 나눠 서기

- 한 줄은 '엄마가 돌아오기', 다른 한 줄은 '엄마가 돌아오지 않기'로 정하기

- 교사가 엄마가 되어 교실 앞에 앉고, 양쪽이 한 명씩 번갈아 가면서 엄마를 설득하기

엄마는 어떤 결정을 하게 되었을까요?

- 모둠별로 엄마의 결정에 관해 이야기하기

- 이젤 패드에 엄마의 결정 적어 빈칸 채우기

마무리

오늘 활동에 대한 학생들의 느낌과 생각을 공유하며 마무리하기

5. 룰루랄라 학교 가는 길

활동 초점

'학교에 늦는 친구'를 위한 특별한 능력 만들기

활동 내용

단계	활동 내용	준비물
준비	연극놀이로 마음 열기	-
활동	기상천외 학교 가는 길	-
	학교에 늦은 이유	8절지, 사인펜
	학교에 늦지 않는 능력 만들기	신문지, 테이프
마무리	느낌 나누기	-

준비

1. 꼬리잡기

① 모둠별로 서로 허리를 잡아 꼬리를 만든다.

② 맨 뒤에 선 학생은 신문지나 천으로 꼬리를 만든다.

③ 교사가 신호를 주면 맨 앞사람이 상대편의 꼬리를 잡는다.

④ 줄이 중간에 끊어지거나 꼬리를 잡히면 진다.

2. 개와 뼈다귀

① 술래는 한쪽 벽에 의자를 가져가 눈을 가리고 앉고, 다른 학생들은 반대쪽 벽에 모두 앉는다.

② 술래 의자 밑에 인원수만큼의 뼈다귀가 될 물건을 놓는다.

③ 술래 반대쪽 벽에 앉아있는 학생들이 뼈다귀를 가지러 살금살금 기어가면, 술래는 소리가 나는 쪽을 가리키며 크게 '빵'하고 외친다.

④ 술래에게 잡힌 학생은 원래 자리로 돌아가고, 술래의 총을 피해 뼈다귀를 차지한 학생이 다음 술래가 된다.

⑤ 술래가 총을 겨눌 때 손동작이 너무 빠르면 누구를 지목했는지 정확히 알 수 없기에 손동작을 지목한 뒤 몇 초간 가리키도록 한다.

활동

1. 기상천외 학교 가는 길

여러분들이 학교 가는 길에 생겼던 기억에 남는 일은 무엇인가요?

- 모둠별로 학교 가는 길에 생겼던 일을 이야기하기

- 모둠별로 이야기 하나 골라서 정지장면으로 표현하기

2. 학교에 늦은 이유

우리 동아리에는 매일 지각을 해서 동아리 활동에 오지 못하는 친구가 한 명

있습니다. 이 친구는 어떤 친구일까요?

- 모둠별로 인물 모습을 간단히 그리기(선으로 실루엣만 표현한다)

- 인물 실루엣 안과 밖으로 매일 학교에 늦는 친구의 특징과 이유를 적기

친구가 학교에 매일 늦는 이유는 무엇일까요?

- 모둠별로 친구가 학교에 늦는 이유를 이야기하기

- 모둠별로 친구가 학교에 늦는 이유를 정지장면으로 표현하고, 다른 모둠은 어떤 장면을 표현했
  는지 생각해보기

3. 학교에 늦지 않는 능력 만들기

여러분이 친구가 학교에 늦지 않기 위한 능력을 만들어 줄 수 있다면, 어떤 능
력을 만들고 싶나요?

- 모둠별로 친구가 학교에 늦지 않을 수 있는 어떤 능력을 가지면 좋을지 능력 정하기

- 모둠별로 신문지로 친구가 학교에 늦지 않을 수 있는 핵심 아이템 만들기

- 친구가 학교에 늦지 않는 능력을 갖게 된 상황을 정지장면으로 표현하기

마무리

오늘 활동에 대한 학생들의 느낌과 생각을 공유하며 마무리하기

6. 너도 친구야!

활동 초점

장애 학생의 행동 이해하고 느끼기

활동 내용

단계	활동 내용	준비물
준비	연극놀이로 마음 열기	-
활동	○○이의 행동 표현하기	-
	○○은 누구일까?	도화지, 사인펜
	○○이 학교에 오지 않는 이유	그림 <내 친구 마틴은 말이 좀 서툴러요>
	내 단짝이라면?	-
마무리	느낌 나누기	-

준비

1. 에너지 전달하기

① 동그란 원을 만들어 마주 선다.

② 가장 먼저 시작하는 학생이 옆 사람에게 '와' 소리를 내어 기를 전달하면 순서대로 전달받은 기

　　를 전달한다.

③ 한 바퀴를 돌아서 두 번째 사람이 새로운 구호를 만들어 옆 사람에 전달한다.

2. 숫자로 속담 맞추기

① 한 쪽지에는 숫자를, 다른 쪽지에는 속담을 적어 각각 하나씩 뽑는다.

② 속담을 설명하기 위한 말은 쪽지에 적힌 숫자로만 할 수 있다.

③ 친구의 말과 몸동작을 보며 다른 친구들은 어떤 속담인지 맞춘다.

활동

1. ○○의 행동 표현하기

지금부터 친구의 행동을 표현해봅시다. 이 친구는 누구일지 생각하며 표현해 봅시다.

> -○○이는 우리 학교 급식 식단을 몽땅 외우고 있어요.
> -○○이는 친구들이 놀리는 걸 정말 싫어해요.
> -○○이는 미술 시간엔 항상 모자 쓴 나비를 그려요.
> -○○이는 눈으로 안아주는 걸 참 좋아해요.
> -○○이는 글을 느릿느릿하게 읽고, 글씨는 지렁이처럼 구불구불해요.

- 위의 행동 문장을 칠판이나, PPT 화면으로 보여주기

- 모둠별로 모둠원끼리 발표순서 정하기

- 모둠별로 앞으로 나와서 문장 순서대로 몸짓으로 표현하기

2. ○○은 누구일까?

여러분이 표현한 친구는 어떤 친구일지 생각해봅시다.

- 모둠별로 ○○은 어떤 친구일지 이야기 나누기

- 모둠별로 ○○의 특징을 상상하며 간단한 인물로 그린 후 친구 특징 적기

  ○○이 친구와 반 친구들은 어떤 학교생활을 할까요?

- 모둠별로 ○○이와 함께 보내는 놀이, 수업장면을 상상하기

- 상상한 이야기를 말이나 조각장면으로 발표하기

3. ○○가 학교에 오지 않는 이유

(그림책을 첫 장부터 쭉 보여준다. 마지막 두 장면을 제외하여 마틴이 전학 가는 장면은 보여주지 않는다) 우리가 앞에서 만난 친구는 발달 장애가 있는 학생입니다. 이름은 마틴이죠. 여러분이 앞에서 상상한 대로 놀이나 수업을 같이하기는 어려울 수 있어요. 마틴이 어느 날부터 학교에 오지 않았습니다. 학교에 나오지 않는 이유가 무엇일까요?

- 빈 의자에 마틴이 앉아있다고 상상하기

- 빈 의자를 보며 학교에 나오지 않는 이유 물어보기

> **잠깐! 살펴보는 수업 의도**
> '장애' 주제 프로그램을 만들기 위해 찾은 책이다. 실제로 장애인의 날에 많은 학교에서 이 그림책으로 장애 인식 개선 수업을 하고 있었다. 〈내 친구 마틴은 말이 좀 서툴러요〉(라잉그림동화, 2018)는 자폐아 마틴이 나온다. 그리고 마틴을 좋아하고 도와주는 여자아이도 나온다. 자폐아가 우리와 같은 학교에 다니고, 같이 수업을 받는다. 마틴은 장애가 있어 말도 잘 못 하고 수학도 잘 못 하지만, 식단표를 외우는 놀라운 기억력이 있고 그림도 잘 그린다. 비장애인처럼 잘하는 것도 있고, 못 하는 것도 있다. 처음부터 장애가 있다고 공개하지 않음으로써, 장애로 인한 행동특성을 개인이 가진 특징으로 접근하고 싶었다.

4. 마틴이 여러분의 단짝이라면?

마틴이 여러분의 하나밖에 없는 단짝이라면 어떨까요? 여러분이 여기에 나온 마틴의 친구였다면 어떻게 했을까요?

- 교사가 마틴이 되어 의자에 앉으면, 단짝이 되어 이야기 나누기

마무리

오늘 활동에 대한 학생들의 느낌과 생각을 공유하며 마무리하기

7. 우리 동네 전설을 찾아서

활동 초점

우리 동네에 관해 관심 갖기

활동 내용

단계	활동 내용	준비물
준비	연극놀이로 마음 열기	-
활동	우리 동네 자랑거리 떠올리기	포스트잇, 펜
	우리 동네 자랑거리 조각상 발표하기	-
	우리 동네 전설 만들기	-
	우리 동네 자랑거리 책 만들기	A4용지, 사인펜, 색연필
마무리	느낌 나누기	

준비

1. 사진 찍기

① 두 명씩 짝을 이룬다. 한 명이 사진사가 되고, 다른 한 명은 카메라가 된다.

② 카메라는 눈을 감고, 사진사가 카메라의 어깨를 잡고 사진을 찍고 싶은 곳으로 간다.

③ 교사의 신호 벨 소리에 맞춰 카메라는 눈을 떠서 보이는 장면을 '찰칵' 찍는다.

④ 활동이 끝나면 자리로 돌아와 카메라는 찍은 사진이 무엇이었는지 설명한다.

2. 소문 만들기 놀이

① 모둠별로 줄을 선다.

② 간단한 이야기부터 시작해서 점점 살을 붙여 나간다.

③ 가장 앞에 선 학생이 소문을 말하듯이 다음 학생에게 전달한다.

④ 전달할 때마다 한 가지 내용을 덧붙여 전달한다.

⑤ 마지막으로 소문을 전달받은 학생이 들은 내용을 모두에게 전달한다.

활동

1. 우리 동네 자랑거리 떠올리기

우리가 생각하는 우리 동네의 자랑거리를 떠올려봅시다.

- 모둠별로 우리 동네에서 본 것을 포스트잇에 적기

- 우리 동네에서 본 것 중에서 우리 동네에서 자랑할
  만한 자랑거리 고르기

2. 우리 동네 자랑거리 조각상 발표하기

여러분이 자랑하고 싶은 우리 동네 자랑거리를 조각상으로 만들어봅시다.

- 모둠별로 우리 동네 자랑거리 조각상을 만들기

- 다른 모둠은 무엇을 표현했는지 맞추기

3. 우리 동네 자랑거리 전설 만들기

우리 동네 자랑거리에는 어떤 전설이 숨겨져 있을까요? 전설의 숨겨진 이야기를 상상해봅시다.

- 다른 동네 자랑거리와 관련된 전설 이야기 들려주기

- 모둠별로 우리 동네 자랑거리 전설을 상상해서 간단한 10문장 만들기

- 우리 동네의 전설 이야기를 한 학생이 발표하면, 다른 학생들이 해설에 어울리는 장면 표현하기

4. 우리 동네 자랑거리 책 만들기

여러분이 만든 우리 동네 자랑거리 전설을 책으로 만들어봅시다.

- 모둠별로 우리 동네 자랑거리 전설 이야기 쓰기

- 모둠별로 만든 이야기를 모아 책으로 엮어 돌려 보기

마무리

오늘 활동에 대한 학생들의 느낌과 생각을 공유하며 마무리하기

8. 쓰레기의 탄생

활동 초점

'쓰레기의 일생'을 통해 물건을 아껴 쓰는 마음 갖기

활동 내용

단계	활동 내용	준비물
준비	연극놀이로 마음 열기	-
활동	우리 주위 쓰레기 찾기	-
	쓰레기의 일생	A4용지, 펜
마무리	느낌 나누기	-

준비

1. 무궁화 꽃이 피었습니다

① '무궁화 꽃이 피었습니.'의 전통놀이와 방법은 비슷하다.

② "무궁화 꽃이 피었습니다+[식물/ 동물]" 외친다.

  예시: [식물] 무궁화, 장미, 소나무, 해바라기, 개나리 등, [동물] 고양이, 강아지, 사자, 호랑이 등

③ 식물을 외치면 움직여서는 안 되고, 동물을 외치면 해당 동물의 특징을 표현하며 걸어 나온다.

2. 쓰레기를 먹는 괴물

① 술래는 한쪽 벽에 의자를 가져가 눈을 가리고 앉고, 다른 학생들은 반대 쪽 벽에 모두 앉는다.

② 술래 의자 밑에 여러 가지 쓰레기를 놓는다.

③ 술래 반대쪽 벽에 앉아있는 학생들이 쓰레기를 가지러 살금살금 기어가면, 술래는 소리가 나는

쪽을 가리키며 크게 '빵'하고 외친다.

④ 술래에게 잡힌 학생은 원래 자리로 돌아가고, 술래의 총을 피해 쓰레기를 가져와 쓰레기통에 버린다.

활동

1. 우리 주위 쓰레기 찾기

우리 주변에서 여러분들이 쓰레기라고 생각되는 것을 찾아봅시다.

- 모둠별로 학교를 돌아다니며 쓰레기라고 생각되는 것을 찾아오기

여러분이 가져온 쓰레기 중 아직 더 쓸 수 있거나 다른 방법으로 재사용할 수 있는 것이 없는지 살펴봅시다.

- 모둠별로 가져온 쓰레기를 버려야 하는 것, 더 쓸 수 있는 것, 재사용할 수 있는 것으로 분류하기

2. 쓰레기의 일생

여러분이 가져온 쓰레기는 태어날 때부터 쓰레기였을까요? 쓰레기의 원래 모습은 어땠을지 생각해봅시다. 원래 모습에서 지금 쓰레기가 되기까지 누가 어떻게 사용했을지 생각해봅시다.

- 모둠별로 쓰레기 하나를 골라 쓰레기의 원래 모습이 무엇일지 이야기하기

- 모둠별로 원래 모습에서 쓰레기가 되기까지 어떤 과정을 겪었을지 이야기하기

쓰레기의 원래 모습부터 지금까지 쓰레기의 일생을 표현해봅시다.

쓰레기의 원래 모습 (자연 속의 모습)	사용된 모습 (소비과정)	지금의 모습 (쓰레기, 폐기)

- 모둠별로 A4용지를 3등분 하여 쓰레기의 원래 모습, 사용된 모습, 지금의 모습을 적기

- 모둠별로 역할 나누기

① 해설자: 쓰레기 일생을 친구들이 동작 표현할 수

　있게 읽어주기

② 자연: 원래 자연 상태의 모습-나무, 솜 보여주기

③ 소비자: 사용하고 폐기하는 모습을 보여주기

④ 추가 역할로 소비자를 한 명 더 두거나, 판매자 역

　할을 부여해도 된다.

- 해설자가 쓰레기의 일생을 읽으면, 역할을 맡은 친구들은 이야기에 어울리게 표현하기(마임이나

　즉흥적 대사 표현 가능).

마무리

오늘 활동에 대한 학생들의 느낌과 생각을 공유하며 마무리하기

그러니까, 연극

9. 낭독극 만나기

활동 초점

낭독극 경험하기

활동 내용

단계	활동 내용	준비물
준비	연극놀이로 마음 열기	간단한 대본
활동	내가 좋아하는 책 소개하기	-
	책 선정하기	-
	낭독극 소리 더하기	-
	낭독극 하기	플래그 포스트잇
마무리	느낌 나누기	-

준비

연기의 달인

① 교사가 유명한 책, 드라마, 영화의 대사를 미리 준비해놓는다.

② 학생들은 자신이 가장 잘 표현할 수 있는 대사를 골라 연습하고 발표한다.

③ 학생들에게 가장 많은 호응을 받은 학생이 연기의 달인이 된다.

활동

1. 내가 좋아하는 책 소개하기

- 모둠별로 자신이 가져온 내가 좋아하는 책을 소개하기

2. 책 선정하기

모둠별로 친구들이 가져온 책을 자세하게 살펴보면서, 우리 모둠이 재미있게 표현할 수 있을 것 같은 책 한 권을 선정해봅시다.

모둠별로 정한 책 중에서 여러분이 낭독극으로 표현하고 싶은 장면에 스티커를 붙여봅시다. 스티커를 붙인 장면을 모둠별로 낭독해보고, 가장 잘 표현할 수 있는 장면을 뽑아봅시다.

- 모둠별로 낭독극으로 표현하고 싶은 장면(1~2쪽 정도) 뽑기
- 뽑은 장면 페이지에 플래그 포스트잇을 붙이기
- 포스트잇으로 붙인 장면 속에서 역할(등장인물) 뽑아서 역할 나누기
- 장면 연결하여 낭독하기

3. 낭독극 소리 더하기

- 모둠별로 여러 가지 도구를 사용해서 낭독극에 소리를 더하기
- 모둠별로 소리를 더해서 낭독극 연습하기

> 잠깐! 라디오 드라마와 비슷하게 효과음을 이용하여 낭독극을 하는 활동이다. 폴리아티스트(신체나 물건을 이용하여 여러 가지 음향 효과를 만들어내는 사람)에 대한 소개를 통해서 흥미를 가지게 하는 것도 좋다. 신발이나 막대를 부딪치는 것 이외에도 무엇인가를 꺼내거나 부러트리는 등 다양한 방법을 사용할 수 있다.

4. 낭독극 하기

- 모둠별로 선정한 책의 장면을 소리를 더하여 낭독극 발표하기

마무리

오늘 활동에 대한 학생들의 느낌과 생각을 공유하며 마무리하기

10. 즉흥극 만나기

활동 초점

즉흥극으로 시 만나기

활동 내용

단계	활동 내용	준비물
준비	연극놀이로 마음 열기	-
활동	내가 좋아하는 시 소개하기	시(집)
	시의 내용 표현하기	-
	시의 전후 상황 장면 상상하기	스마트폰
	시의 장면 즉흥극 하기	-
마무리	느낌 나누기	-

준비

1. 선생님을 일어나게 하라

① 교사가 의자에 앉는다.

② 학생들은 의자에서 일어나야 하는 상황을 상상하며 대화를 던져 교사가 일어나도록 만든다.

③ 교사는 어떻게든 의자에 일어나지 않도록 대답해야 하며, 말문이 막히면 진다.

2. 자유 놀이

- 지금까지 한 연극놀이 중에 학생들이 하고 싶은 연극놀이 하나를 골라 놀이를 진행하기

활동

1. 내가 좋아하는 시 소개하기

모둠별로 시를 소리 내어 읽어보고, 가장 마음에 드는 동시 한 편을 골라봅시다.

- 모둠별로 학생들이 가져온 시를 돌려 읽고, 한 편의 시를 고르기

2. 시의 내용 표현하기

여러분이 고른 시의 장면을 상상하며 모둠별로 시의 내용에 따라 장면을 표현해봅시다.

- 모둠의 한 학생이 시를 낭송하면 다른 학생들은 시의 내용과 어울리는 몸짓으로 표현하기

3. 시의 전후 상황 장면 상상하기

모둠별로 시의 내용이 일어나기 직전의 상황과 시의 내용이 일어난 후의 상황을 상상하여 장면을 사진으로 찍어봅시다.

- 시의 이전, 현재, 이후 상황을 3장의 사진으로 찍기
- 모둠별로 찍은 3장의 사진이 연결되도록 간단한 이야기 만들기

> 잠깐! 교사는 학생들의 휴대폰이나 학교에 준비된 스마트기기로 찍은 사진을 전달받아 아이들이 볼 수 있는 상태로 준비하도록 한다. 학생들은 모둠별로 해당 장면에 어울리는 대사를 떠올리며 즉흥극을 한다.

4. 시의 장면 즉흥극 하기

여러분이 상상한 시의 전후 장면을 시의 내용과 이어지게 즉흥극으로 표현해봅시다.

- 모둠별로 시의 전후 장면 즉흥극 하기
- 모둠의 발표를 본 친구들에게 발표한 모둠의 칭찬할 점 듣기

그러니까, 연극

마무리

오늘 활동에 대한 학생들의 느낌과 생각을 공유하며 마무리하기

11. 나도 작가

활동 초점

낭독극과 즉흥극을 활용한 글쓰기 경험하기

활동 내용

단계	활동 내용	준비물
준비	연극놀이로 마음 열기	-
활동	낭독극 책 정하기	플래그 포스트잇
	낭독극 하기	-
	이야기 결말 바꾸기	-
마무리	느낌 나누기	-

준비

자유 놀이

- 지금까지 한 연극놀이 중에 학생들이 하고 싶은 연극놀이 하나를 골라 놀이하기

활동

1. 낭독극 책 정하기

도서관에서 모둠별로 낭독극으로 표현하고 싶은 책을 골라 낭독극으로 표현하고 싶은 장면에 스티커를 붙여봅시다.

- 모둠별로 도서관에서 낭독극으로 표현하고 싶은 책 1권 고르기
- 모둠별로 낭독극으로 표현하고 싶은 장면(1~2쪽 정도)에 플래그 포스트잇을 붙이기

2. 낭독극 하기

여러분이 고른 장면을 낭독극으로 표현해봅시다.

- 모둠별로 고른 장면을 간단한 낭독극 대본으로 만들고 연습하기

- 모둠별로 낭독극 발표하기

3. 이야기 결말 바꾸기

여러분이 고른 책의 이야기 결말을 바꾸어 즉흥극으로 표현해봅시다.

- 모둠별로 낭독극 한 책의 결말을 바꿔 이야기 쓰기

- 모둠별로 바꿔 쓴 책의 결말 즉흥극 연습하고 발표하기

마무리

오늘 활동에 대한 학생들의 느낌과 생각을 공유하며 마무리하기

12. 동아리로 만난 우리, 이제 안녕

활동 초점

동아리 활동 마무리하기

활동 내용

단계	활동 내용	준비물
준비	연극놀이로 마음 열기	-
활동	가장 기억에 남는 활동 소개하기	-
	칭찬샤워	-
	연극 관련 영상 보기	-
마무리	평가하기	평가지, 펜

준비

자유 놀이

- 지금까지 한 연극놀이 중에 학생들이 하고 싶은 연극놀이 하나를 골라 놀이하기

활동

1. 가장 기억에 남는 활동 소개하기

여러분이 동아리 활동을 하면서 가장 기억에 남는 활동을 장면으로 표현해 봅시다.

- 모둠별로 동아리 활동을 하면서 가장 기억에 남는 활동 이야기하기

- 모둠별로 동아리 활동을 하면서 가장 기억에 남는 활동 정지장면 만들기

2. 칭찬샤워

- 학생들과 동아리 활동을 하면서 좋았던 점, 아쉬웠던 점, 느낀 점 이야기하기

- 동아리 활동을 하면서 칭찬하고 싶은 친구와 그 이유 이야기하기

3. 연극 관련 영상 보기

- 연극과 관련한 영상(영화) 보기

* 유튜브에 초등 연극, 어린이 연극으로 검색하면 실제 무대공연을 한 연극 동영상들을 찾을 수 있다.

마무리

평가하기

- 자신의 동아리 활동을 되돌아보면서 자기·동료평가 하기

- 평가 자료는 본 책 4부에 수록된 평가 자료 활용

즉흥극 중심
고학년 연극동아리
프로그램

고학년 즉흥극 중심 연극동아리 교육과정 이야기

내일을 생각하지 않는 교육

학교에서 배우는 많은 것은 대부분 미래를 위해 배우는 것이다. 언젠가 쓸모 있을 많은 교과를 아이들은 방대하게 배운다. 이것을 왜 배우냐고 푸념하는 아이들에게 언젠가 쓸모가 있을 것이라고 종종 얘기했던 우리 교사들은 '왜 오늘을 위한 교육과정은 별로 존재하지 않을까?'라고 고민했다. 언제 쓸지 모르는 교육, 누군가에게 보여주기 위한 교육을 벗어나 오늘을 살게 하는 교육, 진정한 내가 되는 교육은 어떤 형태로 생겼을까?

그러한 질문을 해결하기 위해, 모든 교육과정을 뒤집기에는 무리가 있다. 내일을 위한 교육과정도 함부로 도려낼 것은 아니기 때문이다. 정규 교육과정 속에서 아이들이 오늘을 살게 하는 방법을 생각하도록 즉흥극 동아리 교육과정을 구성하였다. 오늘의 내 기분, 오늘의 내 이야기를 담고자 프로그램 명을 〈오늘의 드라마〉라고 이름 지었다.

무대공연을 하지 않는 연극동아리

연극동아리이지만 공연을 하지 않는 동아리를 구성하였다. 이 교육과정의 진정한 취지는 타인의 시선에서 벗어나 오롯이 자기 자신을 찾고 표현하는 데에 있기 때문이다. 말, 표정, 태도, 몸짓 그 어떤 것도 누군가에게 쉽게 영향받지 않고, 가장 편하고 가장 솔직하고 나다운 것을 찾아가는 것이 이 교육과정의 목적이다. 무대공연을 고려하고 있는 교사라면, 다른 교육과정과 적절하게 병행하여 이 교육과정을 활용하기를 바란다. 미리 말하자면 이 교육과정은 처음부터 끝까지 즉흥극으로만 구성되어 있다.

그림으로 시작하는 이야기

이 동아리 교육과정의 가장 큰 특징은 모든 대화를 그림으로 시작한다는 점이다. 그림을 선택한 이유는 수업마다 나누는 대화를 조금 더 쉽게 초점화하기 위해서다. 수업마다 특정 감정을 주제로 즉흥극을 만들어나가는데, 그와 어울리는 장면을 제시하기 위해 뚜렷한 주제가 느껴지는 그림, 이야기가 있는 그림을 선정하였다. 이를 통해 명화를 매개체로 교육연극 교육과정을 생생하게 운영해갈 수 있을 것이다.

즉흥극으로 구성한 감정 수업

이 교육과정은 수업마다 주제 감정이 있다. 교육연극을 통해 배울 수 있는 것으로 종종 감수성 함양, 공감 능력 신장을 말하는데, 실제로 감정을 전면에 내세운 교육연극 교육과정을 찾기 힘들었다. 그래서 우리가 매 수업 감정을 주제로 다양한 즉흥극과 연극놀이로 구성된 교육과정을 만들었다. 아이들과 즉흥극을 통해 다양한 감정에 대해 깊게 생각해보고 이야기를 나누는 시간은 교사에게도 많은 것을 느끼고 깨닫게 해주는 기회가 될 것이다. 즉흥극으로 이루어지는 교육과정인 만큼 다양한 변수와 예측 불가의 상황 등을 수용할 수 있도록 최대한 여유로운 수업안을 구성하였다.

고학년을 위한 즉흥극 중심 연극동아리 프로그램

본 프로그램이 목적으로 두고 있는 것은 아이들이 즉흥극을 통해 내면을 성찰하고, 자신의 신체를 활용한 표현 능력을 신장시키는 데에 있다. 그래서 교육과정은 차례대로 어떤 목적을 향해 나아가지 않는다. 차시마다 다른 감정을 주제로 하는 옴니버스 형식의 구성으로 설계하였다. 따라서 이 교육과정을 활용하는 교사는 필요와 상황에 따라, 순서를 바꿔서 수업을 진행하여도 상관없다. 1회기 당 2교시 수업을 기준으로 수업을 구성하였다.

회기 별 마무리 활동으로는 대화, 글쓰기를 통해 아이들이 스스로 주제 감정에 대해 생각해보도록 구성하였다. 그러므로 이 교육과정을 보고 실제 수업으로 실천하는 사람은 아이들이 스스로 생각하고 느끼게끔 수업을 진행하였으면 한다.

'오늘의 드라마' 프로그램 연간 차시별 운영계획

주제	회기	활동명	주요 학습 내용 및 활동	준비물
평화	1	우리 마을에 오세요	- 그림으로 시작하는 이야기 - 감정 대화 - 만나서 반갑습니다. - 축제 꾸미기, 우리가 만든 축제 - 느낌 나누기, 자유 글쓰기	명화 사진
자기표현	2	나를 꺼낸다	- 그림으로 시작하는 이야기 - 어둠 속의 댄서 - 자유 신체 표현 - 내 마지막 자화상 만들기 - 느낌 나누기, 자유 글쓰기	명화 사진
후회	3	돌아온 젊음	- 그림으로 시작하는 이야기 - 후회스러운 삶, 정지장면 만들기 - 후회스럽지 않은 삶, 즉흥극 꾸미기 - 느낌 나누기, 자유 글쓰기	명화 사진 활동지
불행	4	어둠의 추격자	- 그림으로 시작하는 이야기 - 감정 대화 - 바람의 은신처 - 강가의 구조자, 바위 요새 - 느낌 나누기, 자유 글쓰기	명화 사진 놀이용 패러슈트
사랑	5	이거 사랑일까	- 그림으로 시작하는 이야기 - 환상의 커플 찾기, 우리 만남 - 나를 선택해!, 넌 어디에 - 자유 글쓰기	명화 사진
관점	6	희극이냐 비극이냐	- 그림으로 시작하는 이야기 - 즉흥 대본 만들기 - 낭독극 공연하기 - 느낌 나누기, 자유 글쓰기	명화 사진
희망	7	희망의 의자	- 그림으로 시작하는 이야기 - 감정 대화 - 몸으로 희망 표현하기, 희망의 의자 - 나를 잡아줘 - 느낌 나누기, 자유 글쓰기	명화 사진

주제	회기	활동명	주요 학습 내용 및 활동	준비물
자립심	8	자기만의 방	- 그림으로 시작하는 이야기 - 감정 대화 - 혼자 살래 - 나의 길을 가겠어 - 자기만의 방 - 자유 글쓰기	명화 사진, 책상과 의자, 종이
헌신	9	엄마의 하루	- 그림으로 시작하는 이야기 - 감정 대화 - 엄마와 나, 스푼 위의 아기 - 우리의 무게 - 동화 읽기 -느낌 나누기, 자유 글쓰기	명화 사진 1인당 탁구공 1개, 나무 스푼, 그림책 <너는 기적이란다>
꿈	10	꿈을 향해서	- 그림으로 시작하는 이야기 - 감정 대화 - 꿈을 담은 조각, 미래에서 온 나 - 응원 터널 - 자유 글쓰기	명화 사진
슬픔	11	슬픔을 이기는 기도	- 그림으로 시작하는 이야기 - 감정 대화 - 이야기 만들기, 가면 만들기 - 가면 무언극 하기 - 자유 글쓰기	명화 사진 무지 가면
혼란	12	혼란스러워도 괜찮아	- 그림으로 시작하는 이야기 - 감정 대화 - 혼란의 방 - 떨어지지 않는 풍선 - 혼란의 방 탈출 - 느낌 나누기, 자유 글쓰기	명화 사진, 실타래, 풍선, 가위
자기 표현2	13	그는 내가 아니다	- 그림으로 시작하는 이야기 - 감정 대화, 그들의 나 - '두 개의 나', 나로 말할 것 같으면 - 느낌 나누기, 자유 글쓰기	명화 사진 도화지(학생 수), A4용지
즐거움	14	즐거운 우리	- 그림으로 시작하는 이야기 - 감정 대화 - 자유 놀이 1, 2, 3 - 마무리	명화 사진

1. 우리 마을에 오세요

수업 의도

첫 번째 시간은 즉흥극 동아리가 앞으로 만들어낼 모습을 상상하는 시간이다. 동아리 시간이 축제처럼 즐겁고, 활기차며 평화로운 시간이 되도록 그랜드마 모지스(1860-1961)의 <마을축제>(Country Fair, 캔버스에 유채, 1950)라는 그림으로 동아리 시간을 시작한다. 수업 말미에 그랜드마 모지스는 70세부터 그림을 그려 많은 사람들에게 감동을 준 작가임을 안내하며 예술적인 영감이 있을 때는 언제든지 표현하고 시작해야 한다는 이야기를 아이들에게 전한다.

활동 초점

① 그림을 보고 장면을 상상하고 이야기를 만들기

② 그림을 보고 떠오른 감정을 말과 몸을 활용하여 표현하기

활동 내용

단계	활동 내용	준비물
준비	그림으로 시작하는 이야기	명화 사진
	감정 대화	-
활동	만나서 반갑습니다	-
	축제 꾸미기	-
	우리가 만든 축제	-
마무리	느낌 나누기	-
	자유 글쓰기	글쓰기 도구

준비

1. 그림으로 시작하는 이야기

우리는 앞으로 그림을 보며 우리만의 이야기를 만들어나갈 겁니다. 여러분 마음의 소리에 귀 기울일 수 있도록 고요하고 평화로운 분위기에서 그림을 감상해봅시다.

어떤 장면을 표현했습니까?

- 그림을 보고 어떤 장면인지 설명하기

이 그림은 그랜드마 모지스의 〈마을축제〉라는 그림입니다. 우리가 앞으로 함께할 일 년간의 동아리 시간이 이 작품 축제 같기를 바라며 골랐습니다.

2. 감정 대화

동아리 모임에 처음 온 감정을 이야기해 봅시다.

앞으로 한 해 동안 어떤 활동을 하면 좋을지 이야기해 봅시다.

우리가 한 해 동안 즉흥극 동아리를 하며, 지킬 약속은 한 가지입니다. 바로 〈우리는 어디든지 갈 수 있고, 우리는 무엇이든지 될 수 있다〉입니다.

- 동아리 활동 약속 공유하기

활동

1. 만나서 반갑습니다

여러분은 그림 속 마을에 와 있습니다. 축제 속 여러분들은 마을 사람들을 만나며, 자신을 소개합니다. 이때 여러분은 이름 이외에는 모두 지어낼 수 있습니다. 선생님은 이 마을 기자이며 축제 현장을 취재하기 위해서 왔습니다. 여러분의 직업은 무엇일까요? 자유롭게 교실을 돌아다니며 만나는 주민들에게 대화를 건네 봅시다. 그리고 마음이 맞는 사람들과 3명 이상 모여 모둠을 만들어봅시다. (모둠은 이어질 활동을 위해 만드는 것으로, 모둠원 숫자는 서로 균일하지 않아도 상관이 없다.)

- 자유롭게 돌아다니며 자기소개를 하기

- 마음이 맞는 사람들과 자유롭게 모둠을 구성하기

2. 축제 꾸미기

축제에는 다양한 먹을거리, 볼거리, 즐길거리가 존재합니다. 모둠별로 축제에서 볼 수 있는 부스를 만들어봅시다. 교실에 있는 물건을 활용해도 좋습니다.

- 모둠별로 부스를 만들어보기

어떤 부스를 만들지 대화를 나누고, 그 부스를 장면으로 표현해봅시다. 모둠별로 장면을 표현하겠습니다. 나머지 모둠은 어떤 부스인지 맞혀주세요.

- 모둠별로 축제 부스를 장면으로 표현하기

- 표현한 장면을 보고 나머지 사람들은 맞히기

3. 우리가 만든 축제(참여형 즉흥극)

지금부터 함께 축제를 만들어봅시다.

- 한 명이 축제에서 볼 수 있는 모습을 정지장면으로 표현하기

- 정지장면을 보고 축제의 무슨 장면인지 아는 사람들이 교사의 신호에 맞춰 정지장면 연결하기

- 무슨 장면인지 함께 맞추기

마무리

1. 느낌 나누기

오늘 시간이 어땠는지 이야기를 나눠보도록 하겠습니다.

- 동그랗게 앉아 소감 나누기

2. 자유 글쓰기

그랜드마 모지스는 70세부터 그림을 그려 전 세계 사람들에게 감동과 영감을 준 작가입니다. 여러분들 역시 멋진 생각과 생생한 느낌이 들 때 바로 써보는 것이 중요합니다. 여러분들이 쓴 글은 앞으로 여러분을 더 좋은 사람이 되게 해줄 겁니다. 그래서 우리 동아리는 매회 활동이 끝나고 자신의 느낌과 생각을 간단하게 적는 시간을 가질 것입니다.

우리가 더 재미있게 이야기를 만들고, 더 생생하게 몸짓으로 표현하기 위해서 서로 지켜야 할 것들이 무엇이 있는지 간단하게 글로 적어봅시다.

- 즉흥극 동아리에서 서로를 배려하기 위한 방법을 글로 적어보기

2. 나를 꺼낸다

렘브란트 <자화상> 시리즈(왼쪽 34세의 자화상, 오른쪽 63세의 자화상)

수업 의도

이번 활동은 즉흥극 동아리를 운영하기 위한 기초체력을 쌓는 시간이다. 즉흥극 활동의 기초는 자신의 내면을 적극적으로 몸짓으로 표현하는 것이다. 역사상 가장 많은 자화상을 남긴 렘브란트(1606-1669)의 자화상 작품을 감상하며, 예술은 끊임없는 자기표현임을 이해하고, 더 적극적이고 섬세하게 몸짓으로 자기표현을 연습하는 시간을 갖고자 한다.

활동 초점

① 자기 자신을 표현하기 위한 예술가의 노력 알아보기

② 자기 자신을 표현하는 몸짓 만들어보기

활동 내용

단계	활동 내용	준비물
준비	그림으로 시작하는 이야기	명화 사진
활동	어둠 속의 댄서	-
	자유 신체 표현	-
	내 마지막 자화상 만들기	-
마무리	느낌 나누기	-
	자유 글쓰기	글쓰기 도구

준비

1. 그림으로 시작하는 이야기

여러분들과 함께 감상할 작품은 수많은 자화상을 남긴 작가의 자화상입니다. 함께 그림을 감상해봅시다.

- 렘브란트의 자화상을 화가의 나이순으로 감상하기

그림을 그린 작가는 누구일까요? 이 그림의 주인공은 렘브란트입니다. 렘브란트는 아주 어렸을 때부터 화가 일을 시작하였으며 일찍 성공한 작가입니다. 각각의 자화상에는 그의 삶이 차곡차곡 담겨있습니다. 화가들이 그림 속에 자신을 담았듯이 여러분은 이 시간에 몸짓을 통해 여러분을 담아내 보겠습니다.

활동

1. 어둠 속의 댄서

여러분, 많은 사람 앞에서 춤을 춰 본 적이 있습니까? 그렇다면 아무도 보지 않을 때 춤을 춰보면 어떤 느낌일까요? 지금부터 어둠 속에서 춤을 출 때 어떤 느낌이 드는지 느껴봅시다.

- 동그랗게 앉아 모두가 눈을 감은 채 자신의 순서가 되면 일어나 춤추기

- 어둠 속에서 춤을 출 때 느낌은 어땠는지 서로 느낌 나누기

2. 자유 신체 표현

이번에는 눈을 감고 선생님이 말하는 것을 몸짓으로 표현하는 시간을 갖도록 하겠습니다.

- 서로 눈을 감고, 간격을 넓혀 떨어져서 서기

- 교사의 제시어를 몸짓으로 표현하기 (제시어 예시) 땅, 바다, 물고기, 새, 지렁이, 바람, 신생아, 어린이, 노인, 기쁨, 슬픔, 분노, 무기력함, 평온함, 무생물, 동물, 사람, 감정 등

3. 나의 마지막 자화상 만들기

지금 보는 그림은 렘브란트의 마지막 자화상입니다. 이전의 자화상과 비교해보고 자기 생각을 이야기해 봅시다. 그는 말년에 호화 저택에 살며, 수많은 미술품을 사들이다가 경제적인 어려움을 겪기도 하였습니다. 자화상에서 그런 상황들이 느껴지나요? 여러분의 마지막 자화상에서 여러분은 어떤 동작과 표정을 취하고 있을까요? 한 명씩 자신의 마지막 자화상을 만들어봅시다.

- 내 마지막 자화상을 정지장면으로 표현하기

- 나온 학생의 정지장면을 보고 이야기 나누기

- 마지막 자화상 속 자신이 하고 싶은 말 해보기

마무리

자신의 자화상에 어떤 모습이 담기면 좋을지 글로 적어봅시다.

그러니까, 연극

3. 돌아온 젊음

수업 의도

우리들의 삶은 많은 후회가 존재한다. 에드워드 호퍼의 <호텔 창문>은 그런 후회와 쓸쓸함에 초점을 둔 그림이다. 그림 속 여인은 노년에 왜 창밖을 보며 생각에 잠겨있을지 학생들과 이야기를 만들어보고, 즉흥극을 만드는 시간을 갖도록 하겠다.

활동 초점

① 그림을 보고 장면을 상상하고 이야기를 만들기

② 그림을 보고 떠오른 감정을 말과 몸을 활용하여 표현하기

활동 내용

단계	활동 내용	준비물
준비	그림으로 시작하는 이야기	명화 사진
활동	후회스러운 삶	활동지
	정지장면 만들기	-
	후회스럽지 않은 삶	활동지
	즉흥극 꾸미기	-
마무리	느낌 나누기	-
	자유 글쓰기	글쓰기 도구

준비

그림으로 시작하는 이야기

오늘은 에드워드 호퍼의 〈호텔 창문〉이라는 그림을 보도록 하겠습니다. 그림 속 여인은 창밖을 바라보며 무슨 생각을 하고 있을까요?

- 그림 속 주인공이 되어 그림 감상하기

오늘 여러분은 그림 속 주인공입니다. 주인공이 되어 그녀의 삶을 즉흥극으로 꾸미는 시간을 가져보겠습니다.

활동

1. 후회스러운 삶

그림 속 여자는 무언가 후회하는 듯합니다. 과연 그녀는 어떤 삶을 살아왔을까요? 지금부터 여러분은 모둠별로 그녀의 10대, 20대, 30대, 40대, 50대, 60대의 삶 이야기를 만들어 볼 것입니다. 그녀의 삶은 각 나잇대에 어떤 후회들이 있었을지 이야기를 만들어내 봅시다.

- 모둠별로 연령대를 나눈 후, 그 연령대의 주인공 이야기 상상하기
- 나이별 주인공이 지나간 시간을 왜 후회하고 있는지 이야기 만들기

2. 정지장면 만들기

각 모둠에서 만든 이야기를 정지장면으로 표현해보도록 하겠습니다. 각 모둠에서 역할을 정해 이야기를 정지장면으로 표현해주세요. 선생님이 지목한 사람은 그 장면에 어울리는 대사를 하고, 앉아있는 사람들은 무엇을 후회하는지 추측해 봅시다.

- 후회스러운 삶 정지장면으로 표현하기
- 앉아 있는 학생들은 정지장면을 추측하기
- 발표 모둠은 설명하기

활동 2

1. 후회스럽지 않은 삶

그녀는 마법사를 찾아가 자신의 삶을 다시 살아가게 해달라고 부탁합니다. 같은 후회를 반복하지 않도록 자신이 삶을 어떻게 살아왔는지 알고 있는 채로 돌아가게 해달라고 합니다. 후회스럽지 않은 삶을 살았다면 주인공은 어떻게 행동했을지 상상해봅시다. 그리고 후회하지 않은 삶 이야기를 만들어봅시다.

- 모둠별로 후회스럽지 않은 삶 이야기 만들어보기

2. 즉흥극 꾸미기

모둠별로 후회하지 않는 삶을 즉흥극으로 표현해봅시다. 어떻게 하면 그녀의 삶이 후회스럽지 않았을지 생각해보며 각 모둠의 이야기를 들어봅시다.

- 모둠별로 후회하지 않은 삶 즉흥극 표현하기

마무리

1. 느낌 나누기

여러분은 후회스럽지 않은 삶을 다시 살아봤습니다. 그녀의 입장에서 다시 살게 된 삶은 어땠는지 한 명씩 소감을 말해보도록 합시다. 후회스럽지 않은 삶을 살기 위해 우리는 어떻게 해야 할까?

- 동그랗게 앉아 소감 나누기

2. 자유 글쓰기

이야기 나눈 내용을 바탕으로 후회스럽지 않게 사는 방법을 글로 써봅시다.

4. 어둠의 추격자

크노프 <나는 나를 가둔다>(캔버스에 유채, 1891)

수업 의도

우리 삶 속 불행은 보편적이다. 아이들의 삶도 마찬가지다. 친구와의 관계, 가족 간의 갈등, 학업 스트레스 등 아이들에게도 나름의 힘듦이 존재한다. 이렇듯 우리 삶에서 불행을 배제할 수 없다면 차라리 그것을 유연하게 대처하는 법을 배워나가야한다. 다소 무거운 주제이기에 활동은 즐겁고 경쾌하게 구성하였다.

활동 초점

① 자신의 불행한 감정을 극복해나가는 방법 생각하기
② 놀이용 패러슈트를 활용한 연극놀이 활동하기

그러니까, 연극

활동 내용

단계	활동 내용	준비물
준비	그림으로 시작하는 이야기	명화 사진
	감정 대화	-
활동	바람의 은신처	놀이용 패러슈트
	강가의 구조자	
	바위 요새	
마무리	느낌 나누기	-
	자유 글쓰기	글쓰기 도구

준비

1. 그림으로 시작하는 이야기

오늘의 그림은 크노프(1858-1921)의 〈나는 나를 가둔다〉입니다. 그림 속 여인의 감정을 생각하며 작품을 감상해봅시다.

- 그림 감상하기

- 그림을 보고 작품 속 인물의 감정 추측하기

2. 감정 대화

그림 속 주인공의 표정은 어떤가요? 어딘지 불행한 얼굴입니다. 그림 속 여인처럼 지금 여러분 삶에 힘든 점이 있다면 친구들과 자유롭게 대화를 나눠봅시다. 오늘 이 공간에서 나눈 모든 이야기는 이곳에 두고 갑니다.

- 불행하고 힘든 점들에 관해 이야기 나누기

활동

1. 바람의 은신처

여러분이 서로 이야기 나눈 힘듦에 대해 여러분은 평소에 어떻게 대처하나요? 나를 힘들게 하는 상황을 해결하려 노력하나요? 아니면 외면하고 회피하나요? 이번 활동에서는 여러분의 '불행'이 여러분을 쫓아옵니다. 다행히 여러분의 은신처가 되어줄 구름이 있고 도와줄 바람도 있습니다. 여러분의 '마음'이 '불행'에 잡히지 않게 지켜주세요.

- 불행(1명), 마음(1명), 바람(나머지)

- 구름(패러슈트)을 넓게 펴고, 학생 중 한 명은 마음, 한 명은 불행으로 뽑기

- 마음이 숨을 수 있도록 불행은 눈을 감고 기다리기

- 구름(패러슈트) 밑에 마음이 숨어 기어 다니면서 도망치고, 불행은 구름(패러슈트) 위에서 마음을 잡기

- 바람(나머지)은 구름(패러슈트)을 펄럭이며 마음이 불행에 잡히지 않도록 돕기

2. 강가의 구조자

불행을 앞에 두면 도망치고만 싶어집니다. 하지만 주변에서 도와주면 어떨까요? 급류에 휩쓸리듯 빨려 들어가는 불행의 강가에 여러분들을 도와주는 구조자가 있습니다. 여러분들은 '살려주세요!'라고 도움을 청할 수 있나요? 도움을 청하는 소리를 들으면 여러분은 구해줄 용기가 있나요? 불행에 휩쓸려 마음을 잃어버리지 않도록 '강가의 구조자'에게 도움을 요청해봅시다.

- 불행(1명), 강가의 구조자(4명), 마음(나머지)

- 강물(패러슈트) 밑으로 불행이 들어가기

- 마음이들(나머지)은 강물(패러슈트)을 따라 원형으로 앉아 강물(패러슈트) 밑으로 다리 뻗기

- 강물(패러슈트) 속 불행은 마음이들중 한 명의 발목을 잡고 5초 세기

- 불행이 발목을 잡고 5초가 지나면 강물(패러슈트) 속으로 잡아당기고, 불행에게 발목을 잡힌 마음이는 잡힌 5초 동안 '살려주세요'라고 외치기

- 불행에게 끌려가기 전 강가의 구조자가 붙잡아서 살려주기

- 불행에게 끌려간 마음은 불행이 되어 다른 마음이 잡기

3. 바위 요새

불행으로부터 도망치기 전에, 다른 사람에게 도움을 청하기 전에, 미리 불행에 대비할 수도 있습니다. 그래서 우리는 불행을 피해 미리 단단한 요새를 짓습니다.

- 불행(4명), 마음(나머지), 요새(패러슈트)

- 불행을 먼저 뽑아 밖에서 눈을 감고 대기

- 마음이들은 요새(패러슈트) 속으로 들어가 패러슈트 천을 엉덩이 아래쪽으로 잡아당긴 채 붙어 앉기

- 교사는 마음이들이 요새가 빈틈없이 만들었는지 점검한 후 놀이 시작

- 제한시간 동안 불행(4명) 모두가 마음이들의 요새의 빈틈을 비집고 들어가면 불행 승

- 제한시간 동안 마음이가 불행으로부터 요새를 지켜내면 마음 승

마무리

1. 느낌 나누기

여러분은 오늘 〈어둠의 추격자〉 연극놀이를 하였습니다. 오늘 만난 불행에 대해 친구들과 이야기를 나누어봅시다.

- 동그랗게 앉아 불행에 관해 이야기 나누고, 소감 나누기

- 우리들이 불행을 이겨내기 위해 우리는 무엇을 할 수 있을지 이야기

2. 자유 글쓰기

불행을 스스로 이겨내는 방법에는 무엇이 있을지 자유롭게 글을 써봅시다.

5. 이게 사랑일까

수업 의도

사랑은 예술에서 가장 뺄 수 없는 소재다. 그렇지만 초등학생들에게 사랑을 소재로 수업을 구성

하는 건 쉽지 않다. 초등학생을 대상으로 유쾌하게 사랑과 연애 감정에 관해 이야기를 나누는 수

업을 구성하였다.

활동 초점

① 그림을 보고 장면을 상상하고 이야기를 만들기

② 그림을 보고 떠오른 감정을 말과 몸을 활용하여 표현하기

활동 내용

단계	활동 내용	준비물
준비	그림으로 시작하는 이야기	명화 사진
활동	환상의 커플 찾기	-
	우리 만남	-
	나를 선택해	-
	넌 어디에	-
마무리	자유 글쓰기	글쓰기 도구

준비

그림으로 시작하는 이야기

오늘은 샤갈(1887-1985)의 〈산책〉(캔버스에 유채, 1917)을 감상하겠습니다.

- 어떤 장면을 표현했는지 생각하며 그림 감상하기

사랑은 무엇일까요? 사랑의 감정을 느끼는 우리는 어떤 모습일까요? 오늘은 사랑에 대해 여러분과 이야기를 나눠보도록 하겠습니다.

활동

1. 환상의 커플 찾기

우리가 알고 있는 이야기 속 가장 멋져 보였던 커플은 누구였나요?

- 친구들과 자유롭게 이야기 속 최고의 커플을 찾아보기

2. 우리 만남

여러분이 생각하는 이야기 속 최고의 커플은 누구일까요?

- 자신이 생각하는 최고의 커플을 쪽지에 쓰기

- 교실을 자유롭게 돌아다니며 만난 사람과 가위바위보를 하고, 이긴 사람의 쪽지에 있는 인물 연기하기

3. 나를 선택해!

이야기 속 등장인물이 되어 주인공에게 사랑 고백을 해봅시다. 주인공에게 선택받는 사람은 누가 될까요?

- 모둠별로 한 사람이 제비뽑기 통 속에서 유명한 이야기 속 등장인물을 뽑아 발표하기

- 나머지 모둠원이 쪽지를 뽑은 사람에게 고백하기

- 쪽지를 뽑은 사람이 다른 사람들의 고백을 듣고 가장 마음에 든 고백을 한 사람을 고르기

  예시: 신데렐라, 춘향전, 잠자는 숲속의 공주, 구미호, 개구리 왕자 등

4. 넌 어디에

외로운 세상에서 여러분의 특별한 짝을 찾아봅시다. 여러분의 짝꿍과 특별한 신호를 만든 후, 눈을 감고 여러분의 짝을 찾아봅시다.

- 2인 1조로 짝 만들기

- 둘만의 손 신호 정하기.

   (예시: 악수 세 번 하기, 손등으로 악수하기, 새끼손가락 걸기, 팔꿈치 부딪히기 등)

- 눈을 감고, 둘만의 손 신호로 자신의 짝을 찾아가기

마무리

자유 글쓰기

자신이 어떤 사랑을 하고 싶은지 자유롭게 글로 써봅시다.

6. 희극이냐 비극이냐

고흐 <감자를 먹는 사람들>

밀레 <만종>

수업 의도

고흐(1853-1890)는 밀레(1814-1875)에게 영감을 받아 그가 그린 농부의 그림을 종종 따라 그리고 는 했다고 한다. 그러나 고흐와 밀레가 그린 농부의 그림은 상당히 다른 느낌을 준다. 특히 밀 레의 <만종>(캔버스에 유채, 1857)과 고흐의 <감자를 먹는 사람들>(1885)을 보면 같은 농부를 서로 다르게 표현했음을 느낄 수 있다. 같은 장면을 보아도 서로 관점에 따라 다르게 표현할 수 있음 을 확인하고자 하는 수업이다.

활동 초점

① 관점에 따라 장면을 서로 다르게 표현하기

② 간단한 대본을 즉흥적으로 만들어보기

③ 비언어적 요소(억양, 높낮이, 빠르기 등)로만 표현하기

활동 내용

단계	활동 내용	준비물
준비	그림으로 시작하는 이야기	명화 사진
활동	즉흥 대본 만들기	종이, 필기구
	낭독극 공연하기	-
마무리	느낌 나누기	-
	자유 글쓰기	글쓰기 도구

준비

그림으로 시작하는 이야기

오늘은 고흐의 〈감자를 먹는 사람들〉을 감상하겠습니다.

- 어떤 장면을 표현했는지 생각하며 그림 감상하기

활동

1. 즉흥 대본 만들기

그림을 보고 즉흥 대본을 만들어봅시다.

- 모둠원이 <감자를 먹는 사람들> 보고 떠오른 이야기를 한 줄씩 연결하여 쓰기

- 이야기를 바탕으로 즉흥 대본 만들기

2. 낭독극 공연하기

여러분이 쓴 대본을 친구들 앞에서 낭독극으로 공연해봅시다.

- 역할 나누기

- 낭독극 연습하기

- 낭독극 공연하기

마무리

1. 느낌 나누기

지금 보는 그림은 밀레의 〈만종〉이라는 작품입니다. 고흐는 밀레를 동경하여 그가 그린 농부 그림들을 종종 따라 그리고는 했습니다. 그렇지만 같은 농부의 모습이라도 밀레와 고흐가 그려낸 그림은 서로 많이 달랐습니다. 여러분의 공연도 같은 그림을 보고도 서로 다르게 표현하였습니다. 어떤 점이 달랐는지 이야기해 봅시다.

- 모둠별 이야기의 서로 다른 점에 관해 이야기 나누기

2. 자유 글쓰기

이번 활동을 통해 '관점'에 대해 알게 된 점을 글로 써봅시다.

- 관점에 대해 알게 된 점을 글로 써보기

7. 희망의 의자

조지 워츠 <희망>

수업 의도

아이들이 학교에서 꼭 배워야 할 삶의 태도 중 한 가지는 어려운 상황에서 희망을 찾아가는 자세

일 것이다. 아이들에게 절망스러운 상황에서 스스로 희망을 찾아갈 수 있는 태도를 기르게 하고,

더 나아가 힘든 친구들에게 희망을 건네주는 사람이 될 수 있는 수업을 만들고자 하였다.

활동 초점

① 상징적 표현을 이해하고, 상징적 표현을 연습해보기

② 자기 생각이나 느낌을 몸짓으로 표현하기

활동 내용

단계	활동 내용	준비물
준비	그림으로 시작하는 이야기	명화 사진
	감정 대화	-
활동	몸으로 희망 표현하기	-
	희망의 의자	-
	나를 잡아줘	-
마무리	느낌 나누기	-
	자유 글쓰기	글쓰기 도구

준비

1. 그림으로 시작하는 이야기

오늘의 그림의 제목은 무엇일까요? 그림 속 여자의 행동이 의미하는 것은 무엇일까요?

- 그림 감상하고 제목을 추측해 보기

2. 감정 대화

여러분들은 힘든 상황에서 희망을 느낀 적이 있었나요?

- 친구들끼리 희망을 느꼈던 순간에 관해 이야기 나누기

활동

1. 몸으로 희망 표현하기

이 그림의 제목은 '희망'입니다. 작가 조지 워츠(1817-1904)는 〈희망〉(1886)을 '눈을 감고, 악기를 연주하는 것'으로 표현했습니다. 그림처럼 희망을 상징하는 몸동작을 만들어봅시다.

- 종이에 자신이 생각하는 희망은 무엇인지 적어보기

- 종이에 적힌 희망을 몸짓을 활용하여 표현하기

2. 희망의 의자

절망에 빠진 사람에게 희망의 말을 건네어, 힘을 내고 일어나게 해봅시다.

- 인원수보다 하나 적은 의자를 가지고 둥글게 앉기

- 의자가 없는 한 명은 희망 천사가 되고, 의자에 앉은 사람들은 절망에 빠진 사람 되기

- 희망 천사는 의자에 앉은 절망에 빠진 사람 중 한 명을 골라 절망한 이유 묻기

- 의자에 앉은 사람의 절망을 듣고 희망 천사가 희망의 말을 건네기

- 희망 천사와 자리를 바꿔 앉고, 일어난 사람은 희망 천사가 되어 다른 사람들의 절망을 위로하기

3. 나를 잡아줘

이번에는 〈나를 잡아줘〉라는 연극놀이를 하도록 하겠습니다.

- 둘씩 짝을 지어 활동하기

- 한 사람은 눈을 감고 가슴에 두 팔을 모으기

- 그 상태로 뒤쪽으로 쓰러지면 나머지 한 명이 잡아주기

- 잡아주면서 희망의 말을 건네기

- 인원 늘려가며 놀이 반복하기

마무리

1. 느낌 나누기

자신을 구하는 사람이 늘어날수록 어땠나요? 힘들어하는 친구들을 보았을

때 먼저 위로와 희망의 말을 건네야 하는 이유는 무엇일까요?

- 구해주는 사람이 많을수록 더 쉽게 일어날 수 있음을 이야기하기

- 도움이 필요한 친구에게 먼저 다가가야 하는 이유 말하기

2. 자유 글쓰기

여러분이 힘들 때 여러분들을 일으켜줄 사람의 이름을 적어봅시다.

- 힘들어할 때, 자신을 걱정하고 일으켜줄 사람들을 생각해보기

8. 자기만의 방

빈센트 반 고흐 <고흐의 방>(캔버스에 유채, 1889)

수업 의도

고학년 아이들은 점차 생활과 행동 면에서 독립적인 영역을 늘려나간다. 방해받지 않고 지키고

싶은 자신의 생활이 무엇인지 생각해보고, 주변의 방해에도 자기 일을 해나가며 자립심을 키울

수 있는 수업을 구상하였다.

활동 초점

① 자기 자신 탐색하기

② 자립심을 기르는 태도 탐색하기

활동 내용

단계	활동 내용	준비물
준비	그림으로 시작하는 이야기	명화 사진
	감정 대화	-
활동	혼자 살래	-
	나의 길을 가겠어	-
	자기만의 방	책상, 의자
마무리	자유 글쓰기	글쓰기 도구

준비

1. 그림으로 시작하는 이야기

편안한 마음으로 그림을 감상해봅시다.

2. 감정 대화

여러분들은 혼자 살고 싶다고 느낀 적이 있었나요?

 -혼자 살고 싶었던 적에 관해 대화 나누기

활동

1. 혼자 살래

혼자 살고 싶다고 느낀 적이 있나요? 모둠별로 그런 경험을 상황극으로
표현해봅시다.

- 혼자 살고 싶었던 적을 상황극으로 표현하기

2. 나의 길을 가겠어

어떠한 유혹과 방해에도 꼭 하고 싶거나 지키고 싶은 것이 있습니까?

- 술래 네 명을 정하기

- 술래들이 눈을 감은 동안 교사는 빈 종이 4장을 교실에 숨기기

- 술래들이 눈을 뜨면, 술래들은 숨겨진 종이를 찾기

- 종이를 찾는 동안 나머지 사람들은 상황극을 하며 술래를 방해하기

　예시: 함께 놀자는 친구, 외출하자는 부모님, 하기 싫은 일을 시키는 형제 등

- 종이를 찾으면 술래들은 종이에 자신이 꼭 하고 싶은 것을 적기

- 유혹과 방해에도 꼭 하고 싶은 것이 무엇이었는지 이야기 나누기

3. 자기만의 방

교실에 자기만의 방을 꾸미고, 나만의 공간에서 무엇을 하고 싶은지 마임으로 표현해봅시다.

- 교실에 자기만의 방을 꾸밀 공간 네 곳을 정하기

- 학생을 4 모둠으로 나누어 각 공간을 배정하기

- 교사의 신호에 맞춰 모둠원 중 한 명이 공간으로 들어가 방 꾸미기

- 방을 꾸민 후 교사의 다음 신호가 들릴 때까지 나만의 공간에서 하고 싶은 일 마임으로 표현하기

- 교사의 신호가 들리면 나오고, 다음 사람이 들어가 나만의 공간으로 꾸미고 활동하기

마무리

1. 자유 글쓰기

혼자 살면 하고 싶은 일에 대해 자유롭게 글로 써봅시다.

9. 엄마의 하루

호아킨 소롤라 바스티다(1863-1923) <아기와 엄마>

수업 의도

사춘기에 접어들며 아이들은 부모님과 소통의 기회가 점점 줄어든다. 그리고 가족 간에 종종 갈

등이 생기기도 한다. 부모님의 입장이 되어서 생각해볼 수 있는 수업을 구상하였다.

활동 초점

① 부모님의 입장이 되어 생각해보기

② 헌신하는 감정을 느껴보기

활동 내용

단계	활동 내용	준비물
준비	그림으로 시작하는 이야기	명화 사진
	감정 대화	-
활동	엄마와 나	-
	스푼 위의 아기	탁구공, 스푼
	우리의 무게	책가방, 짐
마무리	동화 읽기	그림책 <너는 기적이란다>
	자유 글쓰기	글쓰기 도구

준비

1. 그림으로 시작하는 이야기

편안한 마음으로 그림을 감상해봅시다.

2. 감정 대화

오늘 아침 여러분은 부모님과 무슨 대화를 나누었나요?

- 짝과 함께 부모님과 아침에 나눈 대화를 이야기하기

활동

1. 엄마와 나

모둠별로 요즘 나와 엄마의 모습을 떠올려보고 몸으로 표현해봅시다.

- 모둠별로 나와 엄마랑 있었던 일을 5줄로 쓰기

- 모둠원 한 명이 한 줄씩 읽으면 나머지 모둠원들이 어울리는 장면 표현하기

2. 스푼 위의 아기

지금부터 여러분은 아주 어린 아이를 돌봐야 하는 엄마가 될 것입니다. 여러분의 아기는 스푼 위에 작은 탁구공입니다. 먼저 여러분의 아기 이름을 지어봅시다.

- 개인별로 탁구공 아기의 이름 짓기

여러분은 탁구공 아기를 수저 위에 올려놓고 선생님이 제시하는 동작을 몸으로 표현해봅시다.

- 탁구공 아기를 수저 위에 올려 든 채 떨어뜨리지 않고 교사가 제시하는 동작 표현하기

  예시: 청소하기, 요리하기, 운전하기, 설거지하기, 텔레비전 보기, 장보기, 전구 갈기, 사무실에서 일하기 등

*성 역할에 대한 고정관념이 생기지 않도록 다양한 동작을 제시한다.

3. 우리의 무게

지금부터 여러분은 빈 가방에 부모님이 여러분을 사랑해주는 만큼 짐을 채워주세요.

- 빈 가방에 부모님이 사랑해주는 만큼 짐을 채워 넣기

- 교실에 있는 물건 중에 자기 것으로만 채우기

- 짐을 채운 가방을 메고 학교를 한 바퀴 돌기

- 돌고 난 후 느낀 점 나누기

마무리

1. 동화 읽기

부모님에게 여러분들은 기적이었습니다. 부모님의 마음을 이해하기 위해 동화책 한 권을 함께 읽겠습니다.

- 그림책 <너는 기적이란다> 읽어보기

2. 자유 글쓰기

여러분을 온전히 길러내기 위해 부모님은 무엇을 희생했을까요? 부모님이 희생한 것들에 대해 글을 써봅시다.

10. 꿈을 향해서

앙리 마티스(1869-1954) <이카루스>(소묘, 1946)

수업 의도

꿈에 대해 생각하는 수업을 구성하였다. 특히 꿈이라는 것이 단순히 직업이 아니라, 자신이 되고

싶은 상태(모습)가 될 수도 있음을 생각해보게 했다.

활동 초점

① 미래 자신의 꿈 생각해보기

② 꿈을 이루기 위해 노력하는 서로를 응원하기

활동 내용

단계	활동 내용	준비물
준비	그림으로 시작하는 이야기	명화 사진
	감정 대화	-
활동	꿈을 담은 조각	-
	미래에서 온 나	-
	응원 터널	-
마무리	느낌 나누기	-
	자유 글쓰기	글쓰기 도구

준비

1. 그림으로 시작하는 이야기

오늘 그림은 마티스의 〈이카루스〉라는 그림이에요. 이카루스는 그리스신화에 나오는 발명가로, 하늘을 나는 새를 동경하여 날개를 만들었던 인물입니다. 그림을 감상해봅시다.

2. 감정 대화

여러분은 닮고 싶은 사람이 있나요?

- 자신이 닮고 싶은 사람에 대해 자유롭게 이야기하기

활동

1. 꿈을 담은 조각

둘씩 짝을 지어 꿈을 담은 조각상을 만들겠습니다.

- 둘씩 짝을 지어서 한 명은 조각상이 되고 한 명은 조각가 되기

- 조각가는 자신이 되고 싶은 것을 짝의 몸을 움직여 만들기

그러니까, 연극

- 다른 사람들은 조각가가 무엇을 조각했는지 맞히기

- 역할을 바꿔 해보기

2. 미래에서 온 나

미래에서 온 친구가 어떤 꿈을 이루었을지 인터뷰해봅시다.

- '미래에서 온 사람' 한 명 뽑기

- 뽑힌 사람은 교실 밖으로 나가서 어떤 꿈을 이루었을지, 어떤 상태인지 충분히 생각한 뒤 준비

  가 되면 교실로 들어오기

- 나머지 사람들은 '미래에서 온 사람'에게 질문하기

  질문 예시: 어떤 모습입니까? 무엇이 가장 당신을 행복하게 합니까? 무슨 일을 하고 있습니까? 왜 그

      일을 하게 되었습니까? 자식이 있다면 나와 같은 삶을 살게 하고 싶습니까? 등

3. 응원 터널

여러분은 꿈을 이루기 위해 서로를 응원하는 시간을 갖도록 하겠습니다.

- 전체를 두 팀으로 나누어 마주 보고 한 줄로 서기

- 마주 본 상태에서 두 명씩 손을 잡고 아치문을 만들기

- 맨 앞사람이 터널을 들어가면, 꿈을 이룰 수 있도록 격려의 말하기

- 터널을 다 지나간 사람은 맨 뒤에서 다른 친구와 터널을 만들기

마무리

1. 느낌 나누기

지금까지 여러분의 꿈에 관한 이야기를 들어보았습니다. 꿈을 이루기 위해서

여러분들은 어떤 노력을 해야 하는지 이야기를 나눠봅시다.

2. 자유 글쓰기

내가 되고 싶은 사람은 어떤 사람인가요?

- 내가 되고 싶은 사람에 대해 자유롭게 글쓰기

11. 슬픔을 이기는 기도

수업 의도

수업시간이 다루기 힘든 불편한 감정 중 하나가 바로 슬픔일 것이다. 슬픈 상황에 대해 함께 이야

기 나누고, 그것을 진중하게 표현하기 위해 무언극의 방식을 빌려 수업을 구상하였다.

활동 초점

① 슬픈 감정과 상황을 몸짓으로 표현하기

② 즉흥적으로 대본을 쓰기

활동 내용

단계	활동 내용	준비물
준비	그림으로 시작하는 이야기	명화 사진
	감정 대화	-
활동	이야기 만들기	-
	가면 만들기	무지 가면
	가면 무언극 하기	-
마무리	자유 글쓰기	글쓰기 도구

준비

1. 그림으로 시작하는 이야기

오늘 그림의 제목은 무엇일까요?

- 그림 감상하고 제목 추측하기

오늘은 로이 리히텐슈타인(1923-1997)의 〈절망〉(캔버스에 유채, 1963)이라는 작

품을 보고, 슬픈 상황을 몸짓으로 표현하는 활동을 해보겠습니다.

2. 감정 대화

여러분들이 살면서 슬펐던 적은 언제인가요?

- 살면서 슬펐던 적에 대해 친구들과 자유롭게 이야기 나누기

활동

1. 이야기 만들기

모둠별로 그림 속 여자가 슬픈 이유를 상상해보고, 이야기로 만들어봅시다.

- 대화 없이 몸짓으로만 표현하기에 간단한 이야기 만들기

- 이야기 속 역할 정하기

2. 가면 만들기

가면을 만들어 무언극으로 이야기를 표현
해보도록 합시다.

- 1인 당 1개씩 가면 받기

- 역할이 잘 드러나도록 가면 꾸미기

3. 가면 무언극 하기

가면을 활용해 이야기를 무언극으로 표현해봅시다. 무언극은 말을 하지 않
고 오직 몸동작만으로 상황과 감정을 표현하는 방법입니다.

- 모둠별로 무언극을 발표하기

- 어떤 상황인지 대화 나누기

마무리

자유 글쓰기

 여러분은 슬플 때 어떻게 하나요?

- '나만의 슬픔을 이겨내는 방법'에 대해 쓰기

12. 혼란스러워도 괜찮아

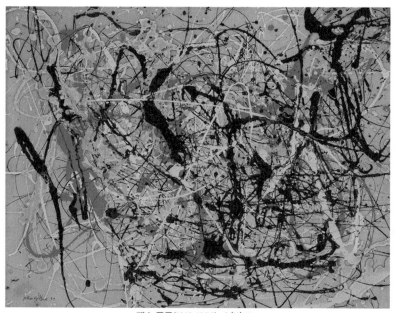

잭슨 폴록(1912-1956) <넘버 17>

수업 의도

혼란스러움은 무엇인가를 새롭게 만드는 밑거름이 되기도 한다. 혼란스러움 속에서 창의적 사고

력과 유연한 사고방식을 키우는 수업을 구상하였다.

활동 초점

① 참여형 즉흥극 즐기기

② 창의적 사고력과 유연한 사고방식 키우기

활동 내용

단계	활동 내용	준비물
준비	그림으로 시작하는 이야기	명화 사진
	감정 대화	-
활동	혼란의 방	실타래
	떨어지지 않는 풍선	풍선
	혼란의 방 탈출	가위
마무리	느낌 나누기	-
	자유 글쓰기	글쓰기 도구

준비

1. 그림으로 시작하는 이야기

그림을 보고 어떤 느낌이 드나요?

- 그림 감상하고 느낌 자유롭게 이야기하기

2. 감정 대화

우리는 언제 혼란을 느끼나요?

- 혼란을 느꼈을 때를 생각하고 이야기 나누기

- 혼란의 의미에 대해 생각해보고 이야기 나누기

활동

1. 혼란의 방 만들기

지금부터 여러분은 실타래를 가지고 세상에서 가장 혼란스러운 공간을
만들겠습니다.

- 모두가 일어서서 교실 공간 곳곳에 서 있기

- 교사가 실타래 끝을 문고리나 책상에 묶어 놓고 실타래를 다른 학생에게 전달하기

- 전달받은 학생은 그 실타래를 여기저기에 적당히 엮어 다른 친구에게 전달하기

- 모든 학생이 실타래를 전달받아 같은 방법으로 교실 곳곳을 엮어 시각적으로도 혼란스러운

　공간 만들기

2. 떨어지지 않는 풍선

지금부터 풍선을 떨어뜨리지 않는 놀이를 하겠습니다.

- 풍선을 하나씩 받아 적당한 크기로 불기

- 풍선을 공중에 띄우기

- 풍선이 손 위에서 멈추거나, 바닥에 떨어뜨리면 탈락

3. 혼란의 방 탈출

혼란의 방에서 나와봅시다.

- 문에서 가까운 사람부터 실이 몸에 닿지 않게 하며 교실 밖으로 나오기

- 교실 밖으로 나온 사람은 가위로 실을 한번 자르기

마무리

1. 느낌 나누기

오늘 한 활동에 대한 소감을 자유롭게 이야기해 봅시다.

2. 자유 글쓰기

'혼란'에 대해 자유롭게 써봅시다.

13. 그는 내가 아니다

수업 의도

르네 마그르트(1898-1967)는 파이프 그림 아래 '이것은 파이프가 아니다'라는 문장을 넣었다. 그는 사람들이 파이프라 판단한 이미지는 파이프가 아니라 파이프 그림일 뿐이라는 것을 말하려 했다. 우리는 사람을 평가할 때 그의 겉모습만으로 종종 판단한다. 심지어 자기 자신조차 자신을 표현할 때, 자신의 겉모습만 생각하기 바쁘다. 겉모습 이외에 자기 자신을 표현해보는 수업을 구상하였다.

활동 초점

① 겉모습 이외의 자기 자신을 표현하는 방법 생각해보기

② 겉모습이 아닌 상대방의 내면을 들여다보는 시간 갖기

활동 내용

단계	활동 내용	준비물
준비	그림으로 시작하는 이야기	명화 사진
	감정 대화	-
활동	그들의 나	도화지, 연필 (학생 수)
	두 개의 나	-
	나로 말할 것 같으면	A4용지
마무리	느낌 나누기	-
	자유 글쓰기	글쓰기 도구

준비

1. 그림으로 시작하는 이야기

그림은 르네 마그리트의 〈이미지의 배반〉(1929)이라는 그림입니다. 그림 제목은 무엇을 의미하는 것일까요?

마그리트는 이 작품을 파이프를 그린 그림이지, 파이프가 아니라고 이야기하였습니다. 사람들이 보이는 것만 보고 대상을 판단하는 것을 비판하는 작품입니다. 오늘은 보이는 내가 아닌 자기 자신을 생각하는 시간을 갖겠습니다.

2. 감정 대화

자신의 겉모습으로 오해를 받아 불쾌했던 적이 있었습니까?

- 겉모습으로 판단을 받아 불쾌했던 적에 대해 자유롭게 이야기 나누기

겉모습을 빼고 설명한다면 여러분은 어떤 사람일까요?

- 겉모습이 아닌 자기 자신에 대해 생각해보기

활동

1. 그들의 나

지금부터 롤링 초상화를 그려보겠습니다.

- 종이에 이름을 쓰고, 반 친구들에게 돌리기

- 종이 주인을 종이에 돌아가며 그리기

- 자신의 기회에 선은 한번 밖에 그을 수 없음

- 모든 친구가 한 번씩 그림을 그리면, 주인에게 종이를 돌려주기

- 친구들이 그린 나는 어떤 모습인지 관찰하기

2. 두 개의 나

'친구들이 생각하는 나'와 '내가 생각하는 나'는 어떻게 다를까요?

- 의자 2개를 교실 전면에 두기

- 왼쪽 의자에 앉았을 때 '친구들이 생각하는 나'를 표현하기

- 오른쪽 의자에 앉았을 때 '내가 생각하는 나'를 표현하기

3. 나로 말할 것 같으면

이제 진짜 나에 대해 알려주는 시간입니다.

- 주변 물건을 활용하여 내가 생각하는 나를 표현하고 설명하기

마무리

1. 느낌 나누기

'나'를 표현한 소감을 이야기해 봅시다.

2. 자유 글쓰기

- 나를 소개하는 자유 글쓰기

14. 즐거운 우리

폴 시냐크(1863-1935) <함께 어우러지는 시간>

수업 의도

한 해 교육과정을 마치고, 한 뼘 더 성장한 아이들이 함께 어우러지는 시간이다. 서로에 대한 평가

를 나누기보다 마지막으로 즐길 수 있는 시간을 만들고자 하였다. 그동안 교사가 활동을 제안했

다면 이번 시간은 학생들이 활동을 스스로 구성해보는 수업이다.

활동 초점

① 동아리 교육과정을 생각해보고 후속 활동 제안하기

② 즐거운 마음으로 동아리 활동 마무리하기

그러니까, 연극

활동 내용

단계	활동 내용	준비물
준비	그림으로 시작하는 이야기	명화 사진
	감정 대화	-
활동	되돌아보기	-
	자유 놀이 1. 2. 3.	-
마무리	마무리	-

준비

1. 그림으로 시작하는 이야기

오늘의 그림은 여러분과 함께 한 시간을 의미합니다. 우리가 함께 모여 많은 이야기를 하였고, 많은 고민과 생각을 나누었습니다. 즐거운 시간이었습니다. 그림을 보며 즐거웠던 우리 시간을 돌이켜봅시다.

- 지난 시간을 돌아보며 그림 감상하기

2. 감정 대화

지난 시간을 돌아보며 느낀 감정을 이야기해 봅시다.

- 지난 시간에 대해 돌이켜보고 함께 이야기 나누기

오늘은 지금까지 함께 했던 연극놀이나 즉흥극 활동 중에서 여러분이 하고 싶은 활동을 해봅시다.

활동

1. 되돌아보기

일 년 동안 동아리 활동을 하면서 인상 깊었던 장면을 표현해봅시다.

- 모둠별로 표현할 장면 고르기

- 순서대로 나와 모둠별로 표현하기

2. 자유 놀이 1, 2, 3

지금까지 했던 활동 중에 다시 하고 싶은 활동을 말해봅시다. 그리고 여러분이 스스로 주인공이 되어 놀이를 진행해봅시다.

- 학생들이 자유롭게 놀이를 이끌어보기

마무리

내년에 후배들에게 우리 동아리를 추천하는 글을 써봅시다.

- 동아리 추천하는 글쓰기

그러니까, 연극

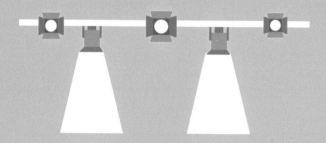

3부

연극동아리

(확장편)

학교
연극놀이
캠프 운영

세종시 ○○초등학교에서 실제 학생들을 모집하여 실시한 연극놀이 캠프 관련
운영 계획서 및 프로그램이다.

교육연극 캠프 운영 계획서 예시

○○초 교육연극 캠프 운영 계획

프로그램 목적 및 의도

○ 놀이문화 확산 및 지속적인 안내로 학생들의 놀 권리 보장 및 인식 확산

○ 지역 교사연구회 참여를 통한 교육 공동체의 자발적 연극놀이 교육과정 개발

○ 연극놀이 문화 프로그램을 통해 감수성 신장과 공동체 의식 함양 기여

○ 연극놀이 체험을 통한 심미적 체험의 기회 확대와 미의식 고취

운영 계획

○ 일시: 2019년 ○월 ○일 ○요일(○시~○시, 총○시간)

○ 장소: ○학년 ○교실

○ 대상: ○학년 학생

○ 프로그램 내용: 신체 중심 연극놀이, 과정드라마 체험

운영 시 안전 유의사항

○ 재미있게 노는 것도 중요하지만 안전하게 노는 것이 더 중요하므로 수업 전 안전을 위해 준수해야 하는 안전 규칙을 세우고 안내하여 안전하게 활동에 참여할 수 있도록 한다.

○ 안전사고 발생 시 신속하게 대응하여 피해를 최소화할 수 있도록 대처 방안을 마련한다.

○ 신체 움직임이 많은 놀이 활동 시에는 복장과 신발 착용에 대해 미리 안내하고 준비한다.

○ 연극놀이 강사들은 학생들 간의 충돌 및 다툼(싸움) 중재와 지도의 역할도 충실히 이행하며 연극놀이터에서 위험요소가 있으면 담당 교사에게 전달한다.

예산 계획

※ 학교 예산 편성에 따른 예산 사용 내역 작성하기

※ 해당 학교에서는 강사비, 물품 구매, 학생 간식비로 지출

기대 효과

○ 스스로 참여하고 함께 어울리는 놀이를 통한 인성교육

○ 다양한 놀이문화 형성으로 학생·학부모 교육만족도 제고

○ 연극놀이의 체험으로 학생의 감수성 및 미의식 고양

※ 붙임자료 1 – 학생배부용 가정통신문
※ 붙임자료 2 – 운영 프로그램 〈나를 찾아줘〉

	2○○○학년도 교육연극캠프 운영 안내	• 발행/교장: ○ ○ ○ • 담 당 자: ○ ○ ○
	(☎ 교무실　☎ 행정실　FAX　　)	

안녕하세요? ○○초등학교 교육연극캠프에 대하여 안내드립니다. 본 캠프를 통하여 교육연극과 관련된' 다양한 프로그램을 통하여 학생들에게 자기표현과 성장의 기회를 제공하고자 하오니 많은 관심 바랍니다. 희망하는 학생은 6월 12일까지 가정통신문 앱, 혹은 담임 선생님에게 신청 바랍니다.

1. 일정 안내

　가. 일시: 20□□년 □월 □일(□요일) 09:00 ~ 12:30

　나. 장소: □학년□반 교실, 강당

　다. 복장: 편한 복장

　라. 내용: 신체 중심 연극놀이, 과정드라마 <나를 찾아줘> 체험

2. 일정 및 프로그램 안내

순번	활동 시간	프로그램	비고
1	9:00~	교실 놀이	
2	10:00~12:00	과정드라마(나를 찾아줘)	
3	12:00~12:30	정리 활동	

2○○○ . . .

□ □ 초등학교장

교육연극 캠프 프로그램 자료

〈나를 찾아줘〉 프로그램 계획서

1. 연극놀이

한발 술래잡기(태풍 놀이)

- 술래를 정한 후, 술래가 '한 발'이라고 외치면 술래만 한발을 움직이고 나머지는 멈춰있는다.

- 나머지는 술래가 움직인 후, '한 발'씩 움직인다.

- 술래에게 잡힌 사람은 태풍이 되어, 제자리에 앉아 양팔을 흔든다(태풍은 이동 불가능).

- 태풍의 팔에 닿아도 태풍이 되며, 모든 사람이 태풍이 되면 놀이를 마친다.

- 첫 번째 술래는 교사가 한다. 여러 번 놀이를 반복한다.

고양이와 쥐

- 고양이(술래)와 쥐(나머지)를 정한다.

- 쥐는 두 명씩 짝을 지어서 서 있고, 쥐 한 마리만 짝을 짓지 않는다.

- 짝이 없는 쥐가 도망을 치다가, 두 쌍이 있는 쥐 중 왼쪽 쥐 옆에 서면, 오른쪽 쥐는 짝에서 떨어
 져서, 고양이로부터 도망을 쳐야 한다.

- 고양이에게 잡히면 술래 역할을 바꾸어 놀이를 반복한다.

2. 〈나를 찾아줘〉 본 활동

순서	활동	교사	학생	준비물
1	친구가 결석했어요! - 오늘은 현장 학습 가는 날. - 모두가 모여 있는 교실, 한 친구가 학교에 나오지 않았다는 것을 안다. - 다른 반은 출발했는데, 우리 반만 못 간다. -얘들아! 다 같이 친구 집으로 가보자.	현장 학습 날, 출석 체크를 하다가 한 아이가 나오지 않음을 안다. 그 집은 전화도 안 받는다.	교실에 모였다가 선생님의 부탁으로 친구 집으로 간다.	행거나 훌라후프(이걸 통해서 공간을 이동한다.)
2	친구가 일어나지 않아요. - 친구 집에 다들 두착했다. - 친구를 발견했다. 깨워도 일어나지 않는다. - 친구는 깨워도 일어나지 않지만, 반응을 보아 악몽을 꾸고 있는 것 같다. - 영상에서 악몽에 갇힌 친구에게 구해달라는 메시지를 받는다.	이불을 덮고 누워있다.	친구를 관찰한다,	영상 (사전 준비)
3	친구에게 무슨 일이 있었을까? - 얘들아, 이 친구가 왜 일어나지 않지? - 무슨 일이 있었을까?		친구가 왜 잠만 자고 일어나지 못하는지 모둠별로 추측하여 보여주기(정지 장면)	
4	나를 찾아줘! 친구의 악몽 속으로 - 악몽 속 들어가기 위한 갑옷 만들기 - 선생님의 안내에 따라 눈을 감고 일렬로 서시 교실 밖으로 나갔다가 익몽 속 교실로 들어오기	친구가 악몽 속에 갇혀 나오지 못함을 일러준다.	악몽 속으로 들어가기 전에 준비물 챙기기 *신문시로 갑옷 만들기	신문지

순서	활동		교사	학생	준비물
5	악몽 속 괴물과 싸우다. - 악몽 속으로 들어가 괴물들과 대결한다. - 악몽 속으로 들어가 미션을 해결한다.		괴물이 되어 아이들과 대결하거나, 미션을 주는 역할	각각의 괴물을 만나 대결을 하거나, 미션 풀기	
	얼굴괴물	사람을 먹는 도깨비, 나는 도깨비, 사람들의 특정 부위만 보이지.			
	신발괴물	신발이 없어! 내일 현장학습 때 신고 갈 신발을 잃어버렸어. 신발을 찾아야 해.			
	탈출미션	유리 코브라	미션 안내	미션 수행	
6	친구야, 일어나 - 반 아이들은 2열로 마주 보고 서서 소리 터널을 만든다. - 악몽에서 깨어난 친구, 가방을 챙겨서 현관문을 나선다. - 친구가 소리 터널을 통과하면, 아이들은 각자 응원의 말을 해준다. 악몽으로 나타날 만큼 힘들게 한 스트레스, 괴로움, 콤플렉스를 극복할 수 있는, 무시할 수 있는 힘이 될 말을 해준다.		악몽에서 깨어난 친구, 현관문을 나서서 골목을 지난다.	소리 터널을 만들어 친구에게 응원, 격려의 말을 해준다.	

3. 마무리

- 드라마 상황 속에서 나오기(하나, 둘, 셋! 하면 상황 속에서 나옵니다).

- 활동 관련 느낌, 생각 나누기

- 반영 질문 예시 "여러분에게도 맞서기 힘든 괴물들이 있나요?", "생활하면서 악몽 같은 순간이 있었나요?", "극복했다면 어떻게 했는지 말해줄 수 있나요?"

교육연극 캠프 프로그램 운영 교사와 학생 후기

교사 후기

주말을 이용해 진행된 이 프로그램의 경우 연구회의 여러 선생님의 고민과 노력이 합쳐져 만들어진 수업 활동으로, 수업 속에서 사용된 이야기부터 여러 활동의 구성에 이르기까지 선생님들의 끊임없는 토론과 연구로 만들어졌다.

한 교실에서 3명의 교사가 협력하며 진행된 이 수업은 교실이라는 익숙한 환경 속에서 아이들이 새로운 세계를 만나고 몰입하는 과정을 생생하게 보여주었다. 별다른 장난감이 없더라도 아이들은 소꿉놀이와 자신만의 가상 세계에 몰입한다. 화려한 소품이나 준비물이 없더라도 교사의 안내와 흥미로운 이야기가 있다면 교실은 체험학습을 떠나기 직전의 교실도, 친구의 꿈속도 될 수 있다. 수업이 끝나고 아이들은 현실로 돌아가지만, 체험과 놀이라는 뚜렷한 목적을 달성하고 기쁜 마음으로 집으로 돌아간다. 이야기에 몰입하여 행복한 아이들의 웃음소리와 놀이 속 즐거운 비명이 가득한 하루가 되었다.

학생 후기

프로그램이 종료되자마자 학생과 인터뷰를 했다. 아이들은 프로그램이 끝나고서 뜨거운 분위기였다. 한껏 신난 아이들을 한 명 한 명 만나 물으니,

"엄마가 신청한 것 중에서 가장 재미있었어요."

"토요일에 한 것은 항상 재미없었는데 이것은 재미있어요."

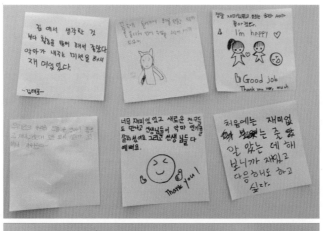

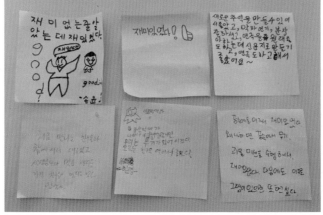

"엄마가 미리 신청해놔서 보나 마나 재미없다고 생각했는데 엄청 재미있었어요."

"우리만의 추억을 만들 수 있어서 좋았다."

이처럼 모두 즐거워했으며, 이 경험을 특별하게 여겼다. 특히 서로 다른 반 아이들이 섞여서 진행된 프로그램임에도 아이들은 이 시간을 통해 새로운 아이들을 사귀기도 하였고, 과정을 곱씹으며, 재미와 의미를 부여하였다.

학교 축제
연극 체험부스
운영

학교 축제 연극 체험 부스 운영 계획서 예시

교육연극 동아리 부스 운영 계획서

프로그램 목적 및 의도

○ 학기를 마무리하면서 익히고 느낀 점을 스스로 점검하고 되돌아보는 시간
을 가진다.

○ 주변의 다른 사람들과 자신의 활동을 공유하며 소통하는 능력을 기른다.

○ 직접 행사를 운영하며 동아리의 구성원들과 협력하며 책임감 있게 행동하
는 경험을 제공한다.

운영 계획

○ 대상 및 주체: 중·고학년 대상 / 교육연극동아리 부원

○ 운영 시간 및 장소: (주로 창의적 체험 활동 시간에 운영하되 놀이 특성상 정규교
과 자투리 시간 및 방과 후 시간을 활용한다) / 교실 또는 다목적실

운영 프로그램 및 방법

프로그램(놀이)	진행 방법	준비물
신문지 연극 체험 신문지를 활용한 신체 표현을 보고 어떤 물건인지 맞추는 활동	○활동 참가자는 미리 준비된 뽑기 카드를 뽑는다. ○카드의 내용을 보지 않고 부스 진행자에게 넘겨준다. ○진행자는 카드에 적힌 물건을 신문지 막대를 활용한 무언극으로 표현한다. ○참가자는 무언극을 보고 해당 물건이 무엇인지 맞추어 본다. ○부스 진행자는 피드백과 보상을 제공한다.	신문지 뽑기 카드 활동 설명안내판 보상용 간식
낭독극 체험 임의의 극본을 골라 간단한 낭독극에 참여해 보는 활동	○활동 참가자 2명은 미리 준비된 낭독극 대본을 뽑아 내용을 확인한다. ○두 사람은 서로 역할을 나누어 실감 나게 낭독극을 읽는다. ○부스 진행자는 피드백과 보상을 제공한다.	낭독극 대본 활동 설명안내판 보상용 간식
사진 연극 퀴즈 정지장면으로 표현한 사진을 참여자가 올바른 순서대로 맞추어 보는 활동	○참가자는 준비된 정지장면 사진 꾸러미를 고른다. ○꾸러미 속의 사진들을 보고 일의 순서를 맞추어 본다. ○부스 진행자는 피드백과 보상을 제공한다.	정지장면 사진 활동 설명안내판 보상용 간식

기대 효과

○ 협업하는 과정을 통하여 사회성을 기르고 타인을 존중하는 능력을 기른다.

○ 부스를 직접 운영해보며 타인에게 소개하는 활동을 통하여 자기 효능감 및 자신감을 높일 수 있다.

연극 체험 부스 운영을 위한 각종 자료

스태프 목걸이

간단한 목걸이 하나로도 아이들의 참여 의욕을 향상시킬 수 있다. 왠지 모를 뿌듯함을 주는 목걸이로 더욱 활기찬 동아리 활동을 만들어보자. 학교 운영비 여유가 있으면 스태프 티셔츠 또는 모자 등으로 역할에 대한 소속감, 책임감, 자부심을 부여할 수 있다. 무대 연극 공연행사가 있는 경우, 진행 스태프를 위한 용도로도 사용할 수 있다.

활동 설명안내판

부스에 참여하는 학생들이 우왕좌왕하거나 안내를 해야 할 아이들이 당황하지 않도록 설명안내판을 만들어 두자. 교실에서 많이 사용되는 A4 치수의 아크릴 쇼케이스를 활용하면 간단하게 부스다운 부스로 만들 수 있다.

패브릭 포스터와 가랜드로 분위기 연출하기

간단한 인테리어 소품을 활용하여 동아리 부스를 꾸밀 수 있다. 시중에서 판매하는 패브릭 포스터를 활용하여 벽면을 꾸미고 가랜드를 장식해 보자. 설치도 쉽고 여러 번

활용할 수 있으며 평소 교실을 꾸미는 데 사용해도 좋다. 일반적인 종이, 천 가랜드 이외에 전구 가랜드를 활용할 수도 있다.

행사 홍보 포스터

행사를 안내하는 포스터를 만들어 학교 곳곳에 전시해보자. 교사가 만들어도 좋고, 아이들이 직접 만들면 더 좋다. 다른 동아리들의 홍보 포스터를 보며 묘한 경쟁심을 느낀 아이들이 마음에 들지 않는다며 다시 만드는 일도 생긴다.

미리캔버스(miricanvas.com)를 이용한 포스터 만들기

시간, 장소, 프로그램 내용과 함께 간식 증정 등을 활용해 아이들의 관심도를 높여보자. 방문객이 많아야 동아리를 운영하는 아이들도 신난다.

연극 체험과
도전을 위한
학교 밖 프로그램

교실 속에서 접하는 교육연극도 좋지만, 학교 밖에의 또 다른 장소에서 연극을 접해보면 어떨까? 다양한 주제와 볼거리로 아이들의 시야를 넓히고 연극에 대한 관심도를 높일 수 있다. 실제 연극인들의 공연이나, 또래 학생들의 수준 높은 공연을 보면서 더욱 분위기를 환기하고 적극적으로 교육연극 활동에 참여하도록 자극할 수 있다. 경우에 따라 국내뿐만 아니라 해외 초청 공연까지 접할 수 있는 다양한 기회들이 있으니 잘 이용해 보자. 교사와 아이들 모두에게 잊지 못할 경험이 될 것이다. 학교에 동아리, 체험학습 등의 예산이 편성되어 있다면 이를 활용하여 즐거운 연극 나들이를 계획해보자.

국립 극단 프로그램

국립 극단은 다양한 장르의 연극 공연 이외에 관객 참여형 공연연계 프로그램 및 어린이청소년극연구소를 운영한다. 그 중 '한 여름밤의 작은 극장'은 어린이청소년극을 무료로 관람할 수 있는 늦여름 공연 잔치로 야외극장, 실내극장을 한 번에 경험할 수 있다.

사다리 연극놀이 연구소 프로그램

사다리 연극놀이 연구소에서 봄가을, 여름 방학, 숲 연극놀이 등을 운영한다.

연극놀이, 연극 체험 등에 대한 여러 가지 프로그램을 제공한다. 홈페이지에 모집 중인 프로그램에 대한 안내가 나와 있으며, 카카오 채널을 통해 신청할 수 있다.

아시테지 축제 프로그램

아시테지(ASSITEJ) 국제아동청소년연극협회에서 주관하는 연극축제로, 서울 지역을 중심으로 우리나라 최대 규모의 아동 청소년을 위한 공연 등 다양한 볼거리를 제공한다. 공연뿐만 아니라 아이들을 위한 연극놀이 프로그램, 가족들과 함께하는 연극놀이 프로그램 등 다양한 체험거리를 접할 수 있다. 또한, 전문가나 교사들을 위한 교육연극 워크숍도 진행하고 있다. 국내 작품 및 해외 초청작 등 다양한 연극들을 관람할 수 있다. 때에 따라 인천, 경기 지역 등으로 찾아가는 공연 프로그램도 있으니 아시테지 홈페이지에서 관련 일정을 확인하고 신청하면 된다.

국립아시아문화전당 어린이문화원 프로그램

아시아의 문화를 기반으로 하는 다양한 콘텐츠를 제공한다. 체험관, 도서관과 놀이시설도 함께 있어 다양한 체험 장소로 활용할 수 있다. 어린이문화원 홈페이지를 통하여 공연을 예매할 수 있다. 〈괴물 '연'을 그리다〉와 같은 작품은 음성, 자막 해설과 수어를 통한 배리어 프리 공연으로 장애 이해 교육에도 활용할 수 있다.

이야기꾼의 책 공연

이야기책 속의 이야기를 관객들에게 풀어놓는 연극 공연이다. 연극이 끝나고 관련된 독서 활동으로 이어지는 것을 염두에 두고 공연이 이루어진다. 독서교육과 연계하는 등 아이들에게 좋은 체험기회를 제공할 수 있다. 참여형 연극 등 어린이 위주의 공연을 위주로 한다. 학교로 직접 찾아와 공연하는 '신나는 예술 공연' 프로그램을 운영하고 있으며, 지정장소에서 표를 예매하여 관람도 가능하다.

더 베프 프로그램

초등학생을 위한 교육연극 활동을 중심으로 영역을 확장하여 온 가족이 함께할 수 있는 공연을 제공하는 문화예술단체이다. 유튜브를 통하여 일부 공연을 제공하고 있어 교실에서 활용할 수 있다.

지역 어린이 연극축제

대전 어린이 연극축제

소극장 등에서 어린이들을 대상으로 하는 공연을 한다. 날짜별로 다양한 십여 가지 정도의 작품들이 무대에 오르는데, 축제 일정을 확인하여 체험학습 등으로 활용해보자. 공연 시간은 40분~60분 정도이며 대전 지역의 소극장 여러 곳에서 진행되니 장소를 미리 확인해야 한다.

경남 어린이 연극 페스티벌

학생들이 직접 연극을 공연하는 연극대회로 경남 지역 전체 어린이 연극대회로 확대되었다. 연극놀이를 넘어서서 연극 공연에 직접 도전해보는 기회로 활용할 수 있다.

좀 더 알아보기

교육연극 동아리를 운영하면서 연극과 연기에 관하여 관심이 생기는 경우도 있다. 아이들의 활동을 보면서 교사가 답답한 나머지 시범을 보이는 경우가 다반사이다. 교육연극이 아이들을 연기자로 기르고자 함이 목적이 아니지만, 연극과 같은 공연예술을 바탕으로 하는 만큼 교사의 식견을 넓히는 것으로도 수업의 질이 향상될 수 있다. 교사 본인의 지적 호기심을 채워주고, 나아가 교육연극 활동 운영을 위하여 도움이 될 만한 곳들을 추천한다.

대전광역시 연극협회	청소년 연극제 등의 정보를 얻을 수 있다. 대전 지역에서 이루어지는 연극 공연들에 대한 간단한 소개와 일정을 확인할 수 있다.
연극 공간 해	서울 지역에서 학교폭력, 여성 문제, 환경문제 등 사회의 이슈들을 주제로 공연을 하는 극단이다. 관객이 자신의 이야기를 하면 그 자리에서 재현하여 공연이 펼쳐지는 즉흥 연극과 연극이 끝난 이후 토론을 통해 소통을 이어가는 토론 연극 등 다양한 시도를 하는 곳이다.
국립극장	오랜 역사와 전통을 가지고 있는 우리나라의 대표 극장이다. 연극뿐만 아니라 국악공연, 신년음악회 등 다양한 예술 공연이 상영된다. (https://www.ntok.go.kr)
극단 경험과 상상	창작 및 작품연극공연이나 공연예술과 관련된 워크숍이 이루어지는 곳이다. (https://enitheater.modoo.at)
남산예술센터 ×삼일로 창고극장	남산예술센터는 우리나라 최초의 현대식 극장으로 총 356석의 좌석을 제공하는 공연극장이다. 배우와 관객이 친밀한 교감을 나누도록 만들어져 더욱 수준 높은 공연은 관람할 수 있다. 삼일로 창고극장은 50석 정도의 가변형 객석을 갖춘 소극장으로, 무대와 객석의 구분이 없이 긴밀하게 호흡하는 등 실험적이고 다양한 공연이 펼쳐지는 곳이다. 일정에 따라 예매시간이 정해져 있으므로 관심 가는 공연이 있다면 확인하는 것이 좋다.
춘천 마임 축제	국내의 마임 아티스트들을 만나 볼 수 있는 세계적인 규모의 마임 축제이다. 다양한 주제와 의미를 담은 마임 공연 프로그램들이 준비되어 도심 속에서 재창조된 새로운 공간을 만날 수 있다.
춘천인형극제	1989년에 처음 개최하여 세계 각국의 인형극단들이 참가하는 아시아 최대 인형극 축제이다. 인형극을 비롯한 다양한 장르 공연, 워크숍, 예술체험행사를 즐길 수 있다.

그러니까, 연극

4부

그 밖에

특수학급
교육연극
수업 이야기

저건 보나 마나 신 포도일 거야!

내가 꿈꾸는 이상적인 교사상은 엄격하지만 재미있는 선생님이다. 그래서 처음 특수교사로서 현장을 마주했을 때 고민스러웠다. 엄격한 것은 나의 학창 시절이 그러했기에 보고 배운 것이 많았지만, 재미있는 선생님은 어떤 모습인지 그려지지 않았다. 머릿속에는 각종 특수교육적 이론들과 교수 기법들이 가득했다. 하지만 그것들을 '어떻게' 적용하는지도 알지 못했다. 그래서 '재밌게 가르치는 방법'과 '학생들을 긍정적으로 대하는 방법'에 대해 배울 수 있는 곳이면 적극적으로 참여했다. 나는 정말로 아이들과 즐거운 수업을 하고 싶었다.

교육연극 연구회 '빈 의자'

그렇게 찾아서 들어간 곳이 '세종 교육연극 연구회'였다. 일반교사들 틈바구니에서 특수교사는 나 혼자뿐이었지만, 연구회 활동을 한 덕분에 좋은 수업과 좋은 학급 경영 방법들을 배우고 나눔 받을 수 있었다. 그러나 일반교육의 사례였고, 일반학급에서의 방법을 특수교사인 내가 특수학급에서 적용하려면 적절한 수정과 재구조화가 필요했다. 문제는 또다시 '어떻게'로 돌아갔다. 일반 초등의 방법을 특수학급에 알맞게 수정하는 방법을 이론이 아닌 실제에서는 어떻게 해야 할지 몰라 막연했다. 그래서 나는 내 부족한 경험을 탓했다. 처음의 '어떻게 하면 이걸 우리 아이들과 해볼까?'라며 넘치던 의욕도 1년도 채 되지 않아 '아… 재밌겠다. 나도 저런 수업 하고 싶다. 우리 애들이랑? 난 못해. 안 될 거야.'로 바뀌고 말았다. 그렇게 교육연극은 나에게는 탐스럽지만 먹지 못하는, 그래서 '저건 분명 신 포도일 거야!'라고 합리화하며 포기해버리는 것이 되었다. 나는 '내 경력이 더 쌓이면 특수교육도 교육연극도 쉬워지는 때가 오지 않을까?'라고 자위하며 막연히 그때를 기다렸다.

프로젝트 수업을 만들다

서당 개도 3년이면 풍월을 읊는다고 했다. 교육연극 연구회에 3년째 있다보니 나도 모르는 새 연구회에서 배운 것들이 수업에 녹아나고 있었다. 공통교육과정을 사용하는 아이를 지도할 때, 교과서에서 연극기법에 적용된 활동을 보면 '나, 이거 알아! 이거 정지장면 만들기야!', '즉흥극이야!' 하며 괜히 아는 것이 나왔다고 반가웠다. 지도서의 이런 활동이 어떤 의도에서 구성되었는지를 쉽게 파악했고 그 차시 수업만큼은 아이와 더욱 즐겁게 할 수 있었다. 그 덕분에 기본교육과정을 사용하는 수업에도 교육연극을 끌어들일 용기가생겼다. 그리고 언제가 될지 모르는 그 막연한 때를 기다리기만 해서는 내 수업에 교육연극이 들어올 일이 없다는 것을 깨달았다. 그래서 교육연극을 활용한 한 달짜리 프로젝트 수업을 결심했다. 사실 그전에도 마음먹기는 여러 번이었지만 실패에 대한 두려움에 포기하는 것도 여러 번이었다. 그런 나를 알기에 무를 수 없는 계획을 세웠다. 나의 '못해, 안 될 거야.'가 끼어들 수 없도록 학부모 공개수업을 프로젝트 수업의 첫 번째 차시로 잡고 연극놀이 수업지도 안을 짰다.

'신 포도'를 따보기로 했다

특수교육의 핵심은 '개별화 교육'이고 교수 방법의 열쇠는 '반복 연습'이라고 생각한다. 우리 아이들이 개개의 장애 유형과 학습 특성에 알맞은 교육을 받되 배우고 익히고 일반화되려면 다양한 상황과 변수에서의 반복이 필수이기 때문이다. 그리고 우리 아이들 대부분은 표현 능력과 사회적 기술에 어려움을 겪는다. 그래서 나는 특수학급의 프로젝트 수업을 구상하며 '아이들과 즐거운 교수 방법'을 찾아 헤맬 때 접한 교육연극과 온 작품 읽기가 유용하다고 생각했다.

교육연극은 아이들의 개성을 존중하고 자신을 드러내 표현하며 상대방과 끊임없이 상호 작용한다. 또, 교실이라는 제한된 공간을 상상과 즉흥으로 무한의 공간으로 탈바꿈시킨다. 온 작품 읽기는 책 한 권을 가지고 다양하게 접근하고 반복적으로 다루며 작품에 대한 심도 있는 이해와 실천으로 이끈다. 그러므로 이 두 가지는 'Drill'이라고 표현할 만큼 끊임없이 반복해야 하는 우리 아이들에게 지루하고 질리지 않게 변주하며 반복할 수 있는 좋은 방법이다.

우리 반은 주의집중에 어려움이 있으며 한글 해득이 완전하지 않은 아이, 음성 언어 표현에 어려움이 있는 아이로 구성되어 있다. 그래서 문해력이 없어도 익힐 수 있도록 단순하고 반복적인 구성의 이야기를 중심 소재로 삼는 것이 좋겠다고 생각했다. 입맛에 맞는 이야기 그림책을 찾음과 동시에 수업

설계에 참고할 만한 교육연극 수업자료를 긁어모았다. 그러던 중 연구회에서 교육연극 도서인 〈유아를 위한 연극놀이〉(김선 외3인, 창지사 2007)를 만났다. 이 책은 사다리 연극놀이 연구소에서 제작한 연극놀이 책이다. 여름 방학동안 대학로에서 2박 3일로 사다리 연극놀이 연구소의 아카데미 초급 과정을 수료한 터라 책 속의 내용이 친숙하게 다가왔다. 내 손에 쥐어진 책을 이정표 삼아 프로젝트의 얼개를 짜고 운영하는 틈틈이 방향을 찾았다.

특수학급 교육연극 프로젝트 수업

유아를 위한 연극놀이 책에는 '팥죽할멈과 호랑이' 이야기를 활용한 프로그램에 소개되어 있었다. 내가 바라던 구성의 이야기였고 교육연극에 초보인 나도 책을 참고하여 수업을 설계할 수 있어 보였다. 그리고 마침 학급 문고에 백희나 작가의 〈팥죽할멈과 호랑이〉 그림책도 있었다. 온 작품 읽기와 교육연극을 활용한 프로젝트 수업의 제재로 낙점이었다.

〈유아를 위한 연극놀이〉 속 프로그램은 대상이 유아일지라도 비장애 아동을 상대로 한 프로그램이었기에 나는 우리 학급의 아이들 수준에 맞게 더 작은 단계로 쪼개야 했다. 책에 소개된 활동 하나가 한 차시 수업이 되기도 했다. 프로젝트 수업을 구상하면서 나는 아이들과 '팥죽할멈과 호랑이'로 내가 할 수 있는 모든 것을 해보자는 마음가짐이었다. 한글을 떼지 못해 책을 못 읽지만, 나와 함께 하는 활동만으로도 '팥죽할멈과 호랑이' 이야기가 저절로 외워질 수 있게 반복하는 것에 중점을 뒀다. 아래는 우리 아이들과 함께해낸 한 달간의 특수학급 교육연극 프로젝트 수업 차시별 계획이다.

주제	차시	활동 목표	주요 학습 내용 및 활동	준비물
연극놀이 맛보기	1	연극의 규칙 이해하기 다른 사람의 동작을 읽고 내 동작으로 표현하기	- 걷다가 멈춰 - 몸으로 말해요	리듬 막대
이야기 톺아보기	2	변주된 반복을 통해 이야기의 내용 익히기 인물에게 공감하기	- <팥죽할멈과 호랑이> 읽어주기 - 이야기 순서대로 그림 제시하기	그림책, 삽화를 이용한 그림카드
	3		- 이야기 떠올리며 순서대로 그림 배열하기 - 교사가 들려주는 이야기를 들으며 그림 배열하기 - 등장인물의 마음 짐작하기 - 이야기 떠올리며 순서대로 그림 배열하기 - 교사가 들려주는 이야기를 들으며 그림 배열하기 - 등장인물의 마음 짐작하기	삽화를 이용한 그림카드, 그림책
	4		- <호랑이가 들려주는 팥죽할멈과 호랑이> 읽어주기 - 등장인물의 마음 짐작하기	<호랑이가 들려주는 팥죽할멈과 호랑이> 그림책
	5		- '팥죽할멈과 호랑이' 줄거리 문장 완성하기	활동지, 붙임딱지, 필기도구
연극 만들기	6	역할 입기 상황에 맞는 말과 행동하기	- '팥죽할멈과 호랑이' 노래 익히기 (유아를 위한 연극놀이 책에 음원 CD가 부록으로 있음)	'팥죽할멈과 호랑이' 음원
	7		- 등장인물처럼 움직여보기 - 역할 골라 장면 만들기	밤톨, 자라, 송곳, 절구의 음악 음원, 역할놀이 머리띠
	8		- 장면 만들기 - 이야기 극화	역할놀이 머리띠
다지기	9	이야기 되짚기 익힌 단어 확인하기	- '팥죽할멈과 호랑이' 빙고 놀이하기	활동지, 필기도구

첫 번째, 연극놀이 맛보기

우리 반 아이들은 통합학급에서 연극수업을 듣고 학예회 무대에 연극을 올린 적이 있다. 하지만 나와는 자투리 시간에 한 교실 놀이 몇 번이 전부였다. 즉흥과 상상을 요구하는 연극의 경험은 아이들끼리 쉬는 시간에 하는 소꿉놀이 정도였다. 나는 아이들이 연극 경험이 전혀 없는 것을 전제로 차곡차곡 쌓아가기로 했다. 연극놀이로 학부모 공개수업을 한 것이 그 시작이었다.

걷다, 멈춰

먼저 '걷다 멈춰' 놀이를 통해 아이들이 연극의 규칙을 자연스럽게 익히기를 바랐다. 그리고 교실을 구석구석 걸으며 책상 주변으로 한정되어있는 아이들과의 교육 활동 공간을 교실 전체로 확장 시키고자 했다. 나는 놀이 규칙을 설명하고 시범을 보였다. 아이들은 평소와 다르게 책걸상을 치우고 일어선 채로 하는 수업에 쭈뼛거리고 얼어붙었다. 리듬악기 소리를 듣고 빠르기의 변화를 자신의 걸음으로 표현하는 활동에서 나는 아이들을 리듬 악기 소리에 집중시키지 못했다.

"소리를 잘 들어요. 어때요? 빠른가요? 느린가요? 빨라져야지! 천천히 점점 처언처언히이~. 얼음! '얼음!' 하면 멈춰야지!"

나는 활동하는 내내 아이들에게 움직임을 지시하고 있었다. 아이들 리듬악기 소리의 빠르기 변화보다는 내가 지시하는 말에 더 집중했다. 몇 번의 반복을 끝에 아이들은 무엇을 하는 활동인지 그 '규칙'을 깨달은 것 같았다.

하지만 여전히 리듬막대 소리 빠르기의 순행 변화에는 반응하여 표현하지 못했고 극단적인 빠르기 변화만 걸음으로 표현됐다. 아이들은 소리의 변화를 즉각적인 신체 움직임으로 반영하여 표현하는 것이 익숙하지 않았다. 게다가 내가 원하는 '그림'을 만들기 위해 끊임없이 움직임을 지시한 것이 오히려 아이들이 리듬 막대 소리에 집중하지 못하게 했다.

몸으로 말해요.

이어서 두 번째 활동으로 '몸으로 말해요' 놀이를 진행했다. 짝을 지어상대방의 동작을 보고 자신의 동작을 잇는 놀이인데 생각처럼 잘되지 않았다. 처음에는 '이렇게 하는 게 맞나?' 하는 표정으로 아이들은 내 반응에서 정답과 오답을 찾았다. 아이들의 소극적인 반응은 교사가 시범 보였던 동작을 따라 하기, 마주 본 아이의 동작을 따라 하기, 한 가지 동작만을 서로 혹은 각자 반복하기 등으로 이어졌다. 새로운 동작은 좀처럼 나오지 않았다. 답답한 내 마음과는 다르게 아이들은 쾌활하게 활동했고, 수업 내내 웃었다.

수업을 마치고 아이들이 떠난 교실에서 나는 '망쳤다'라는 말이 제일 먼저 떠올랐다. 평소에도 아이들이 다른 사람의 반응을 따라서 대답하는 것이 마음에 걸렸는데 연극놀이 수업에서는 그런 아이들의 반응 형태가 더욱 불편했다. 많은 생각이 어지럽게 떠오르고 가라앉았다. 내가 평소에도 연극수업을 해서 아이들에게 상상하는 힘이 길러져 있고, 표현하는 것이 능숙하게 훈련되어있었다면 어땠을까? 좀 더 풍성하고 다양한 동작들이 나왔을까? 하는 아쉬움이 남았다. 나는 아이들과 한 시간 그냥 논 것일까 수업을 한 것일까? 하는 의문도 스쳤다. 학부모 공개수업이라고 잠깐 다녀가신 관리자분들은 뭐라고 생각하셨을지도 신경이 쓰였다. 나는 분명 교육적 의도를 갖고 활동을 하였다. 그리고 놀이 활동 내내 아이들에게 내 의도를 상기시키며 아이들이 느낄 수 있게 하려고 애썼다. 나는 그것이 수업이었다고 결론지었다. 그리고 내 느낌이야 어떻든 수업을 마치고 교실을 나서는 아이들 얼굴에 즐거움이 가득했다는 것이 중요했다. 다음번에는 나도 만족스럽고 아이들도 재밌는 수업을 하고 싶다는 욕심이 생겼다.

두 번째, 이야기 톺아보기

'팥죽할멈과 호랑이' 읽어주기

프로젝트 수업의 2차시에는 아이들에게 이야기를 소개하는 시간을 가졌다. 먼저 아이들과 함께 앞뒤 표지를 살펴보고 〈팥죽할멈과 호랑이〉 그림책을 읽어주었다. 여기까지는 평소 그림책을 읽어줄 때와 비슷했다. 아이들의 반응도 별반 다를 바 없었다. 이야기 내용을 기억하는 아이도 있었지만 기억하는 것은 매우 단순하고 부분적이었다. 내용은 전부 날아가고 등장인물 일부만 떠올리기도 했다. 그저 '재밌었다'라는 형식적인 감상만 남기기도 했다. 평소의 그림책 읽기라면 이대로 끝이었겠지만 이번 달 학습 주제를 '팥죽할멈과 호랑이'로 정한 이상 이게 기초선인 셈이었다. 아이들에게 이번 달은 이 이야기를 가지고 수업할 거라고 알려주었다. 아이들의 반응은 심드렁했다. 나는 반복하고, 반복하고 또 반복해서 아이들이 '팥죽할멈과 호랑이'만큼은 빠삭하게 알게 하고 싶었다. 오늘의 이 무심한 반응을 기억하며, 프로젝트 수업을 마무리했을 때의 아이들 달라질 반응을 기대했다.

이야기 반복! 또 반복하기

아이들과 이야기 극화까지 하는 것이 목표였기에 아이들이 이야기를 꿰고 있는 것이 중요했다. 프로젝트 수업의 3차시에는 아이들이 이야기를 익히게 하기 위한 반복에 돌입했다.

미리 그림책 삽화를 이용해 그림카드를 만들어 두었다. 아이들 수준에 따라 카드 개수를 달리하거나 숫자 단서를 넣어 개별화하였다. 먼저 지난 시간에 들었던 이야기를 떠올리며 순서대로 나열하게 해보았다. 가장 잘하는 아이가 그림카드를 올바르게 둔 것이 처음 3~4장과 마지막 두 어장 정도였다. 나는 아이들이 기억하고 있는 수준을 확인한 뒤 그림책을 다시 읽어주었다. 이야기를 들으며 자신이 배열한 그림카드를 고칠 수 있게 하였다. 그림책을 다시 읽어주어도 그림카드가 고쳐지는 것의 개수는 그리 많지 않았다. 내용이 숙지 되지 않은 상태에서 청각 정보에만 기대어 시각정보를 동시에 처리하며 카드의 위치를 옮기는 조작 활동은 아이들에게 아직 한참 어려운 활동이었다. 그리고 애초에 나도 아이들이 카드 배열을 고칠 것을 기대한 활동이 아니었다. 나는 아이들에게 되도록 많이 이야기를 반복해서 들려주려고 이 활동을 꾸몄다. 그림카드를 다시 배열해보라고 하면서 이야기를 한번 들려주고, 개별지도로 그림카드 순서를 함께 고쳐보며 또 들려줌으로써 아이들은 최소 네 번의 '팥죽할멈과 호랑이' 이야기를 듣게 되었다.

등장인물 마음 짐작하기

세 번째 활동으로 그림책의 삽화를 살펴보며 등장인물의 마음을 짐작해보게 했다. 아이들은 내 지시에 따라 삽화 속 호랑이와 할머니의 표정을 살퍼보았다. 그리고 '좋아요', '나빠요', '화나요'라고 단편적인 감정만을 말했다. 나는 아이들과 그림을 보며 장면별 상황을 다시 말해주었다. 그리고 다양한 마음을 나타내는 단어를 제시해주었지만, 생각처럼 확장해 표현하지는 못했다. 삽화를 처음부터 끝까지 살펴보고 상황 설명을 해주며 이야기를 한 번 더 아이들에게 노출 시켰다는 것에 위안 삼았다.

마무리 활동으로 이야기 순서대로 교사가 그림카드를 보여주면 돌아가면서 그림카드를 보고 아이들이 이야기를 얽어 보았다. 이야기 속에서 반복되는 핵심 대사("팥죽 한 그릇 주면 살려주지!")를 아이들이 직접 해보고 들으면서 대사와 친해질 수 있도록 했다. 아이들은 마지막까지 '팥죽할멈과 호랑이' 이야기를 반복해서 보고 듣고 배열하고 말했다.

 # 호랑이가 들려주는 팥죽할멈, 다른 이야기 만나기

4차시는 '팥죽할멈과 호랑이' 이야기가 외워지다시피 반복하기 위한 변주였다. 활동은 2차시와 유사하게 진행하지만, 이야기의 화자가 호랑이인 〈호랑이가 들려주는 팥죽할멈과 호랑이〉 그림책을 준비했다. 3차시에서의 반복이 효과가 있었는지 아이들에게 어느 정도 '팥죽할멈과 호랑이' 이야기 내용이 숙지 된 것 같았다. 그림책 표지를 살펴보고 이야기를 들려줄 때의 태도나 반응이 2차시 때와는 달랐다. 자신들이 아는 이야기가 나오니 신나 하고 더 집중하는 것이 느껴졌다. 원작과 미묘하게 다른 서술에 "어!" 하는 소리와 아이들 눈에서 웃음이 스멀스멀 차올랐다. 원작의 차이점을 비교하며 이야기 할 때도 호랑이의 처지를 이해하는 모습도 보였다.

그러니까, 연극

호랑이가 불쌍해?

그림책 삽화 속 등장인물의 표정과 상황을 살펴보며 마음을 짐작하는 것을 끝으로 수업을 마무리하며 아이들에게 소감을 물었을 때 평소와는 다른 대답을 들을 수 있었다.

"오늘 읽어준 〈호랑이가 들려주는 팥죽할멈과 호랑이〉 이야기는 어땠어요? 호랑이가 무조건 나쁜 줄만 알았는데 이런 뒷이야기가 있었네요. 아, ○○이는 호랑이가 불쌍했어요? 어느 이야기가 더 마음에 들어요?"

내 질문이 끝나기도 전에 아이들은 '호랑이가 불쌍해요.'라며 할머니와 친구들을 어이없어했고, 손짓과 표정으로 이전께 더 좋다고 표현했다. 분명 오늘은 그저 그림책을 읽고 이야기를 나누는 정적인 수업이었다. 하지만 수업시간 내내 아이들의 눈은 반짝였고 웃음이 묻어났다. 평소처럼 아이들의 반응을 끌어내기 위해 자꾸만 질문을 던질 필요도 없었다. '좋다.', '싫다.'라는 양분화된 대답이나 다른 아이의 대답을 따라 하는 것도 아니었다. 수업시간 내내 들썩이던 활기는 아이들의 자발적이고 적극적인 자신의 느낌과 생각 표현으로 나타났다. 3년째 같은 아이들을 만나면서 모르는 모습이 없다고 생각했었는데 이렇게 아이들이 적극적으로 자기 생각과 느낌을 나에게 표현한 것은 처음이었다. 생각보다 빠른 아이들의 변화에 놀랐고, 예상치도 못한 모습이 반갑고 신기했다.

세 번째, 연극 만들기

줄거리 문장 완성하기

5차시는 그동안 이야기에 노출된 만큼 이야기 속 단어가 얼마나 익혀졌는지 확인하고 이야기를 줄거리로 요약해보도록 계획했다. 그동안 이야기를 반복해서 들려주면서 일부러 등장인물의 그림카드와 낱말카드를 활용했다. 하지만 특별히 단어 학습을 시킨 적은 없어서 단순한 반복 노출로 한글 미해득인 아이들이 얼마나 통글자를 익혔는지 궁금했다. 아이들 수준에 따라 문장완성 활동지를 만들었다. 해독하는 읽고 쓰기는 하지만 문해력이 부족한 아이에게는 그림 단서를 주었고, 한글은 미해득이지만 내용을 기억하고 이해할 수 있는 아이에게는 그림 단서와 보기로 단어를 제시해주었다. 쓰기가 어려운 아이에게는 그림 단서와 더불어 붙임딱지로 붙여서 문장을 완성할 수 있게 해주었다.

숙제로 해도 돼요?

단어를 써서 완성하는 두 아이는 활동지를 쉽게 해결했다. 주의집중에 어려움이 있어 활동지를 통한 자기 주도적 학습이 안 되던 아이도 "○○아~ 하고 있니?"라고 주의를 몇 번 상기시키는 것만으로 활동지를 해결했다. 예상보다 빨리 활동지를 완성해 다른 할 거리를 줘야 할 정도였다. 붙임딱지를 붙여 해결하는 아이만 옆에서 도와주었는데 수업시간 안에 끝내지 못했다. 개별지도 시간에 이어 할 생각으로 정리하라고 하자 본인이 먼저 숙제로 내달라고 했다. 자발적인 숙제 요청은 처음이었다. 평소에 예쁜 짓을 해도 공부만 하려 하면 연신 하품에 눈을 비비기 일쑤이던 아이가 공부거리를 챙겨 간다고 하니 기쁜 마음으로 활동지와 붙임딱지를 바리바리 챙겨주었다. 프로젝트 학습이 가져다준 변화인 것 같아 인상 깊었다.

변화를 보여주는 아이들

아이들의 변화는 빨랐다. 프로젝트 수업을 진행한 지 2주만에 내가 예상하지도 못한 모습들이 자꾸 보였다. 아이들은 중간놀이 시간에 그림책을 꺼내기 시작했다. 그동안 교구장에 꽂아 놓았던 책들은 그저 장식이었고 기껏 해봐야 소꿉놀이할 때 울타리로 사용하는 정도였다. 그러던 아이들이 수업 중에 사용하는 〈팥죽할멈과 호

랑이〉, 〈호랑이가 들려주는 팥죽할멈과 호랑이〉 두 권을 꺼내 읽기 시작했다. 글자를 못 읽는 아이도 책장을 한 장씩 넘기며 그림에 맞춰 이야기를 들려주던 나를 흉내 냈다. 글자를 읽을 줄 아는 아이는 친구에게 자신이 읽어주겠다며 유창하지 않지만, 더듬더듬 책을 읽어주었다. 그 미숙한 책 읽기에서도 등장인물의 대사 부분만큼은 유창했고 목소리를 꾸며 말하는 부분도 있었다. 아이들이 이야기의 내용을 꿰기 시작했다.

이야기 속 노래 익히기

6차시는 극화 작업 전에 쉬어가는 느낌으로 계획한 차시였다. 아이들은 내 예상보다 빠르게 이야기의 내용을 익혔고 주요 대사마저 외운 지경이었다. 이렇게 아이들은 극화를 만들 준비가 되었는데 정작 내가 이야기 극화를 할 준비가 안 됐다. 자신이 없었다. 그래서 참고한 '유아를 위한 연극놀이'책에 있는 노래 배우기 활동을 한 차시로 넣었다. 한 시간 내내 박수 치며 부르기, 주고받으며 부르기, 둘씩 부르기, 혼자 부르기, 한 소절씩 돌아가며 부르기 등 다양한 방법으로 노래를 반복해서 불렀다. 책에 딸린 CD 음원은 아이들과 부르기에 너무 높고 빨라서 처음 노래를 소개하고 멜로디를 익힐 때만 사용하고 아이들과는 노래 부를 때는 리듬 막대를 이용했다. 다분한 반복 끝에 후반부는 여전히 염불처럼 한음으로 읊는 수준이었지만 노래의 절반쯤은 멜로디를 얼추 따라 흉내 내는 정도가 되었다.

어느새 프로젝트 수업의 중반부를 지나고 있었기에 본격적으로 극화에 들어가기에 앞서 아이들에게 지금까지 한 것을 짚어주고 앞으로 할 것에 대해 알려주었다. 이야기 속 등장인물이 되어 함께 극화를 해볼 것이라는 내 말에 반복된 노래 부르기로 흥미를 잃었던 아이들의 눈에 생기가 돌았다. 잔뜩 기대감에 차서 교실을 떠나는 아이들의 뒷모습을 보며 나는 착잡해졌다. 아이들과의 극화 수업이 코앞에 와있었다.

등장인물처럼 움직여보기

이야기 극화를 위한 본격적인 준비로 7차시에서 아이들과 함께 역할을 입어보는 활동을 진행했다. 등장인물의 움직임이 연상되는 음원을 틀고 몸으로 그 움직임을 나타내보는 시간이었다. 처음에는 평소처럼 다른 아이의 움직임이나 교사가 제시한 움직임을 쭈뼛거리며 따라 했다. 음악 소리에서 들리는 특징이나 느낌을 풀어서 말해주고, 움직임 표현을 다양하게 제시해주자 그중 하나를 골라 하거나 응용하는 움직임도 나타났다. 자신만의 움직임을 꾸미는 아이도 있었지만 모든 사물의 노래에 같은 동작으로 움직임을 표현하기도 했다. 움직임 표현의 횟수가 늘어날수록 모방과 반복이던 아이들의 표현은 사물의 특징에 따라 특정한 움직임으로 정해지고 자신감이 붙어 커졌다. 어느 정도 반복하자 움직임 표현은 모둠발로 콩콩 뛰면서 양손으로는 맷돌을 돌리는 움직임, 빙글빙글 돌면서 동그랗게 걷는 움직임, 검지를 세워 마주 잡고 위로 찌르는 손동작을 하며 다리를 벌려 뛰는 움직임, 양팔을 붙인 채 느릿느릿 걷는 움직임 등으로 정리되는 것이 보였다.

수업 후 첫 느낌은 아이들의 움직임 표현이 단순하고 제한적인 것 같아 실망스러웠다. 하지만 돌이켜 생각해보니 즉흥적으로 표현하는 활동인데도 아이들이 이만큼 움직이고 반응해준 것은 분명 발전한 부분이었다. 앞서 진행했던 일련의 차시들이 없었다면 아이들은 쭈뼛거렸을 것이고 교실 중앙에 나왔다 들어가는 것조차 나의 재촉이 필요했을 것이다. 아이들은 소리에 대한 내 묘사에 귀를 기울이고 그것을 자신의 움직임에 반영하려고 노력했다. 다른 아이나 나의 움직임을 보고 흉내 냈고 이전과 달리 제 것을 더해 변형했다. 느릿느릿한 걸음을 걸으며 나를 보는 장난기 가득한 눈은 나에게 '전이렇게 할 건데요!'라고 말하기도 했다. 아이들은 서로를 보며 웃었고 흠뻑 즐거워했다.

역할 골라 장면 만들기

모든 등장인물의 움직임을 해보고 자신이 하고 싶은 역할을 하나씩 고르도록 했다. 등장인물의 수보다 학생 수가 적어 역할을 정하는 것에는 부담이 없었다. 하고 싶다면 다른 친구가 고른 역할을 또 골라도 괜찮다고 말해주었으나 평소처럼 다른 아이가 선택한 역할은 피해 골랐다. 호랑이가 된 나와 함께 자신이 맡은 배역에 맞춰 짤막하게 장면 만들기를 했다. 아이들은 아직 타이밍을 잡기 어려워했지만 내 신호에 맞춰 자기 역할에 적절한 동작과 대사를 했다.

겁쟁이 선생님

아이들의 이야기에 대한 습득은 내가 처음 프로젝트 수업을 계획했을 때보다 빠르고 효과적으로 이루어졌다. 대사의 주고받음이 내가 예상한 것보다 자연스러웠다. 아이들을 과소평가했던 건지 생각보다 빠른 아이들의 숙달과 적극적인 표현에 내가 당황스러울 지경이었다. 사실 두 차시로 계획한 수업이 한 시간 만에 그것도 만족스럽게 이루어졌기 때문이다. 여전히 이야기 극화를 하는 것에 두려움이 있던 나는 이번에도 다음 차시로 넘겨버렸다. "다음 시간에는 정말 연극을 해볼 거예요"라는 내 말에 기대감을 숨기지 못하는 아이들의 들숨과 웃음, 반짝이던 눈이 다음 시간에는 절대로 극을 꾸며야만 하게 했다. 이제는 연극을 피할 수 없었다.

장면 만들기, 등장 순서대로 연습하기

아이들은 고대하고 나는 겁을 내었던 이야기 극화를 해볼 8차시가 되었다. 지난 차시에서 했던 역할별 장면 만들기를 좀 더 구체화하며 연습했다. 교실 공간을 적당히 나누어 위치를 정해줬다. 이야기에 등장한 순서대로 장면 만들기를 두세 차례 반복하여 연습해봤다. 그동안의 이야기를 반복했던 것이 효과를 발휘했다. 발화가 가능한 아이 두 명은 별다른 지도 없이도 "팥죽 한 그릇 주면 안 잡아먹히게 해주지~"라고 자연스럽게 대사했다. '송곳' 역할을 고른 발화가 어려운 아이도 호랑이가 된 나를 적극적으로 찔렀다.

없어도 괜찮아? 괜찮아!

보조교사 없이 이야기 전체를 극화하기에는 무리가 있었다. 그래서 시작은 나의 원맨쇼였다. 아이들도 이야기를 잘 알고 있으니 호랑이와 할머니가 동시에 나오는 앞부분 내용은 할머니의 대사 속에 넣어 처리했다. 이야기 극화 안에서 아이들은 내 신호에 따라 할머니가 된 나에게 연습 때 보여줬던 맡은 역할의 특징이 잘 드러나는 움직임을 하며 나타났다. 할머니인 교사와 "팥죽 한 그릇 주면 안 잡아먹히게 해주지~"라며 대사를 주고받고, 쩝쩝거리며 팥죽 한 그릇을 맛있게 얻어먹었다. 발화가 안 되는 아이마저도 핵심 대사 특유의 어조를 허밍으로 대신하고 할머니의 팥죽을 얻어먹었다. 역할 내 교사가 되어 "숨어야지!"라고 속삭이는 내 소리에 정해진 위치로 가서 숨는 시늉까지 완벽했다. 아이들은 모두 개구짐이 가득한 웃음을 짓고 있었다.

"이제 선생님이 교실 밖으로 나가면 호랑이가 돼서 들어 올 거예요. 그럼 우리 친구들이 밤톨, 송곳, 맷돌이 돼서 팥죽 할머니를 도와주도록 해요. 잘 할 수 있어요? 할머니를 너희들이 구해줘야 해요!"

내가 아이들과 사용한 소품이라고는 아이들 머리에 씌운 역할을 적은 머리띠뿐이었다. 하지만 내가 호랑이가 되어 등장하려고 교실 문밖에 섰을 때, 문 너머 반 칸짜리 내 교실이 상상으로 가득 차 있고 어떤 공간이든 될 수 있다는 것을 실감했다. 나는 호랑이가 되어 문을 부서지라 두드렸다. 벌컥 열고 들어간 팥죽 할멈네 부엌은 보이지만 보이지 않게 팥죽할멈의 친구들이 숨어있었고 정말로 호랑이가 습격한 듯 정적이 흘렀다. 부엌을 들어오는 호랑이의 걸음을 따라 아이들은 '에잇!' 같은 효과음도 내며 신명 나게 호랑이를 공격했다. 그림책 속 호랑이가 그러했듯 우리 연극 속 호랑이도 장렬하게 강물에 빠졌다.

나는 내 작은 '교실 안에서', '우리끼리'하는 극이었기에 나도 부끄럼 없이 상상의 세계에 몰입할 수 있었다. 아이들도 연극적 경험에 흠뻑 빠질 수 있었다. 나와 교실 연극을 하면서 아이들이 낸 쩝쩝거리며 팥죽 먹는 소리도, 호랑이를 공격하는 효과음도 내가 가르치거나 지시한 것들이 아니었다. 아이들은 연극 안에 몰입했고 그 덕에 자연스럽게 만들어 낸 표현들이었다.

수업을 마친 소감으로 아이들은 언제나 그랬든 '재밌었어요.'라고 했다. 하지만 그 의례적인 소감을 말하는 표정은 의례적이지 않았다. 우리 반 학생 중에는 해가 갈수록 가슴 속에 담긴 감정과 머리에 피어나는 생각들은 자라는데 그것을 표현할 능력이 부족해 말이 더듬어지던 아이가 있다. 그 아이는 연극을 마치고 쌓인 흥분을 터트리듯 더듬으며 '진짜 신났어요!'라고 외쳤다. 그 짧은 감상에 얼마나 많은 감정과 생각이 담겨있는지 짐작할 수조차 없었다. 나는 그저 잔뜩 신나고 흥분된 아이들의 표정에 감사했다.

우리도 대사할 수 있어요

학예회 연극 무대에서도 대사 한 줄 없이 같은 반 학생 손에 이끌려 무대에 등·퇴장만 했던 우리 아이들이었다. 그때처럼 멋들어진 의상도 없고 소품도 없었지만 내 작은 교실에서 아이들은 처음으로 이야기의 주인공이 되었다. 특수교사는 우리 아이들을 주인공으로 만들어줄 수 있다.

네 번째, 다지기

빙고 놀이로 프로젝트 마무리

9차시 빙고 놀이를 마지막으로 한 달에 걸친 '팥죽할멈과 호랑이'프로젝트 수업을 마무리했다. 4X5 빙고판을 주고 '팥죽할멈과 호랑이'에 나오는 단어를 스스로 생각해서 써보게 했다. 빙고판을 채우기 어려울 때는 '보기'의 단어를 참고하여 빙고판 채울 수 있게 했고, 쓰기가 어려운 학생은 붙임딱지를 이용하여 빙고판 채울 수 있게 했다. 쓰기가 가능한 학생은 보기를 보지도 않고 빙고판 스무 개를 척척 채워갔다. 겹치는 단어가 있어 알려주고 보기를 참고해도 된다고 다시 안내했다. 받침이 없는 글자 몇 개만 겨우 받아쓸 줄 알고 대부분 보고 쓰는 아이에게는 보기를 보지 않고 빙고판을 채울 수 있는 데까지 채워보라고 주문했다. 내심 서너 개 채우고는 보기의 단어를 볼 줄 알았다. 하지만 아이는 열 칸 가까이 보기를 보지 않고 빈칸을 채웠다. '팥죽할멈과 호랑이'프로젝트 수업을 진행하면서 이야기를 들려줄 때마다 활용한 등장인물 단어 카드의 효과는 뜻밖의 부수입 같은 것이었다. 그 외에 따로 써본다든지 단어 학습을 시킨 적이 없었는데 반복적으로 단어를 노출 시킨 것만으로도 아이들이 습득한 단어는 생각보다 많았다. 아이들은 어느 순간부터 내가 예상보다 나아간 모습들을 보여주고 있었다.

프로젝트를 마치며

그럼에도 불구하고 아이들이 웃었다

이야기 하나를 사골 우리듯 반복했으나 매 차시 변주하는 활동으로 구성한 덕분에 아이들은 지루해하지 않았다. 프로젝트의 중반쯤 왔을 때 아이들은 내가 의도한 대로 이야기의 내용을 통째로 외울 수 있었다. 낯선 연극 놀이부터 소박하고 어설픈 극화 활동과 마무리 활동까지 한 달 내내 아이들은 국어 수업을 마치며 쌍 엄지를 들었다. 나는 나의 부족함을 매시간 직면했지만 '그럼에도 불구하고 아이들이 웃었어'로 용기와 위로를 받는 교육연극 수업을 했다.

아쉬운 점도 있다. 내가 아이들과 한 달 동안 우려먹은 '팥죽할멈과 호랑이'는 아이들의 실생활과 너무나도 동떨어진 어휘들로 이루어진 이야기였다. 프로젝트 수업을 마치고 아이들이 일상을 살아가면서 돌절구, 맷돌, 멍석, 지게 같은 단어들을 얼마나 사용하겠는가. 다음번 작품을 선정할 때는 '아이들 생활에 밀접한 단어들이 있는 이야기'도 고려해야 함을 뒤늦게 깨달았다.

겁쟁이 교사의 특별한 엉망진창

나는 지레 겁을 먹고 있었다. 특수교사로서의 내 전문성에 대해서도 교육연극에 대해서도 자신이 없고 확신이 없어서 '신 포도' 취급을 했다. 하지만 막상 따먹어보니 참 달콤했다. 교육연극을 활용한 프로젝트 수업을 시작하고도 처음에는 '될까? 아이들이 따라와 줄까? 이것도 교육연극이라고 할 수 있을까?'라며 머뭇거렸다. 하지만 됐고, 아이들은 기대 이상으로 잘해주었고, 나도 연극의 세계에 빠진 순간이 있었다.

부족한 점도 많고 어설픈 것도 많은 수업이었지만 배워가고 얻어가는 것이 더 많았다. 3년째 보며 아이들과의 관계에서 권태로움마저 느껴질 정도로 잘 안다고 자신했었는데 아이들의 새로운 모습을 매주 발견하게 되는 한 달이었다. 무엇보다도 이야기 속에 빠져 있는 동안 아이들은 즐거워했다. 그것이 내가 얻은 가장 귀한 것이었다. 내가 바라던 '아이들이 즐거운 수업'을 해냈다. 다음번에는 더 잘, 더 즐거울 수 있을 것 같다는 자신감도 얻었다.

내가 여기에서 나눈 수업이 특별하지 않을지도 모른다. 이미 하고 계신 선생님도 있을 것이고 나보다 더 멋지고 세련된 교육연극 수업을 하고 계시는 선생님도 있을 것이다. 그러나 나처럼 저경력에 움츠러들고 새로운 것에 도전할 용기가 없는 선생님들을 위해 이렇게도 엉망진창이지만 할 수 있고, 그마저도 의미 있을 수 있음을 전하고 싶다.

연극동아리
운영 및
물품 계획

연극동아리 프로그램 운영 계획서 예시

놀이 중심 연극놀이동아리 프로그램 운영 계획

프로그램 목적 및 의도

○ 교육연극을 처음 접하는 학생들이 놀이 중심의 연극을 체험해 보면서 연극에 대해 친근감 있게 다가설 수 있도록 한다.

○ 초등학생들이 가지고 있는 놀이 성향을 연극적 요소와 잘 접목하여 학생들의 전인적 성장을 지원한다.

운영 계획

○ 대상 및 장소: 저학년, 교실 또는 다목적실

○ 운영 시간: 창의적 체험 활동 중 동아리 시간

○ 활동 개요 및 소요 예산 계획(20명 기준)

구분	활동 영역	준비물	산출근거 및 예산
3월	감각 놀이	긴 줄넘기 및 안대	긴 줄넘기 15,000원 *2개=30,000원 안대 2,000원 *2개=4,000원
4월 5월	신체놀이	클레이	클레이 1,300원 *20개=26,000원
6월 7월	조작 놀이	-	-
9월	조작 놀이	스티로폼 공, 아동용 하얀 장갑, 천, 보자기, 나무젓가락	스티로폼 공 1500원*2봉=3,000원 검은 천 4000원*1마=4,000원 보자기 800원*15개=12,000원 나무젓가락 200개 입*1세트=5,200원
10월	창의 놀이	종이봉투	종이봉투 1,500원 *20개=30,000원
11월	창의 놀이		
12월	소감 나누기	4절 도화지	-
합 계			총 114,200원

기대 효과

○ 감각, 신체, 오브제를 활용한 조작, 창의 활동을 통해 자신감, 표현력을 기르고 함께하는 활동을 통해 사회성을 기를 수 있다.

○ 놀이 중심의 활동 속에서 편안함을 느끼고 긴장을 풀게 됨과 동시에 그 과정 속에서 자신을 알아보며 교육연극에 한 걸음 다가갈 수 있다.

무대 중심 연극동아리 프로그램 운영 계획

프로그램 목적 및 의도

○ 연극 공연을 무대에 올리는 과정을 통해 표현과 소통능력을 향상시키고 자신의 감정과 내면에 대해 깊이 있게 들여다볼 수 있는 시간을 가질 수 있도록 한다.

○ 친구들과 협력하여 공연을 준비하며 인성 덕목 및 자기 효능감을 기른다.

운영 계획

○ 대상 및 장소: 고학년, 교실 또는 다목적실

○ 운영 시간: 창의적 체험 활동 중 동아리 시간

○ 활동 개요 및 소요 예산 계획

구분	활동	준비물	산출근거 및 예산
3월	연극놀이로 마음 열기	포스트잇	포스트잇 1,000*5개=5,000원
4월	즉흥 놀이하기	-	-
5월	극본 쓰기 ①	-	-
6월	극본 쓰기 ②	-	-
7월	극본 점검하기	-	-
9월	공연 준비하기	소품, 의상, 조명 등	카메라용 LED 조명 30,000*2개=60,000원 조명 스탠드 20,000원*2개=40,000원 다양한 색깔 천 4,000*5개=20,000원
10월	리허설 하기		
11월	연극 공연하기		
합계			총 125,000원

기대 효과

○ 연극놀이, 즉흥극 등 다양한 연극 활동을 통해 자기 표현력 향상 및 또래 친구들과의 정서적 교감이 이루어질 수 있다.

○ 자신이 관심 있는 연극 분과의 일원으로 활동함으로써 자아 존중감 증진 및 진로 탐색의 기회를 가질 수 있다.

오브제 중심 연극놀이동아리 프로그램 운영 계획

프로그램 목적 및 의도

○ 교실에서 쉽게 볼 수 있는 물건(오브제)을 활용한 연극놀이를 통해 풍부한 상상력을 기른다.

○ 신체 표현 중심 연극놀이를 통해 풍부한 공감 능력과 섬세한 표현력을 기른다.

운영 계획

○ 대상 및 장소: 저학년, 교실 또는 다목적실

○ 운영 시간: 창의적 체험 활동 중 동아리 시간

○ 활동 개요 및 소요 예산 계획(20명 기준)

구분	활동	준비물	산출근거 및 예산
3월	신문지를 활용한 신체 표현	신문지	6,000원*1= 6,000원
4월	훌라후프를 활용한 신체 표현	훌라후프	3,000원*10=30,000원
5월	찰흙을 활용한 신체 표현	찰흙	3,000원*6=18,000원
6월	그림자를 활용한 신체 표현	조명	– (과학실 물품 활용)
7월	풍선를 활용한 신체 표현	풍선	5,000원*1= 5,000원
8월	바람개비를 활용한 신체 표현	바람개비	1,000원*20=20,000원
9월	손가락 인형을 활용한 신체 표현	꼬깔콘 과자	1,000원*6=6,000원
10월	펀 스틱(백업)를 활용한 신체 표현	펀 스틱(백업)	2,000원*6=12,000원
11월	보자기를 활용한 신체 표현	보자기	6,000원*6=36,000원
합 계			총 133,000원

기대 효과

O 익숙한 물건 속에서 새로운 세계를 발견해내는 발상 능력과 상상력을 기를
수 있다.

O 놀이를 통해 학생 간 자연스러운 교류 활동을 하고, 공감 능력을 기를 수
있다.

O 자신의 신체를 활용하여 생각과 감정을 섬세하게 표현할 수 있다.

주제 중심 연극동아리 프로그램 운영 계획

프로그램 목적 및 의도

O 범 교과 주제 중심의 연극놀이를 통해 연극적 체험기회를 제공한다.

O 교육연극 기법(움직임·즉흥·낭독) 중심의 연극놀이를 통해 상상력 및 창의
력을 발휘할 기회를 제공한다.

운영 계획

O 대상 및 장소: 중학년, 교실 또는 다목적실

O 운영 시간: 창의적 체험 활동 중 동아리 시간

O 활동 개요 및 소요 예산 계획

구분	활동	준비물	산출근거 및 예산
3월	동아리로 만난 우리, 친구야 반가워	핸드벨, 스펀지 공, 라벨지, 유성 매직, 포스트잇, 이젤 패드	핸드벨 10,000원*1개=10,000원 스펀지 공 1,000원*2개=2,000원 라벨지(100매) 15,000원*1개=15,000원 유성 매직(12색) 8,000원*5세트=40,000원 포스트잇(76x76) 2,000원*5개=10,000원 이젤 패드 40,000원*1개=40,000원

4월	진짜 나는 누구일까요?	신호 벨, 도화지, 유성 매직, A4용지, 사인펜	도화지(8절, 125매 입) 10,000원 A4용지(500매 입) 5,500원*1개=5,500원 사인펜(12색) 3,000원*5세트=15,000원
	친구야 힘내!	A4용지, 사인펜, 천사 점토	천사 점토(20g) 2,000원*20개=40,000원
5월	○○이 사라졌다	이젤 패드, 라벨지, 매직, A4용지, 사인펜	-
	룰루랄라, 학교 오는 길	도화지, 사인펜, 신문지, 테이프	신문지(1kg) 700원*2개=1,400원 투명테이프 1,000원*5개=5,000원
6월	너도 친구일까?	도화지, 사인펜	-
9월	우리 동네 전설을 찾아서	포스트잇, 펜, A4용지, 사인펜, 색연필	색연필(12색) 3.000원*5세트=15,000원
10월	쓰레기의 탄생	A4용지, 펜	-
	낭독극 만나기	플래그 포스트잇	플래그 포스트잇 2,500원*5세트=12,500원
11월	즉흥극 만나기	-	-
	나도 작가	플래그 포스트잇	-
12월	동아리 마무리	-	-
합계			총 221,400원

기대 효과

○ 다양한 주제 중심의 연극 체험을 통해 상상력 및 창의력을 신장시킨다.

○ 공동체 중심의 연극놀이를 통한 원만한 교우관계를 형성하고, 자기표현을 통해 자신감을 신장시킨다.

즉흥극 중심 연극동아리 프로그램 운영 계획

프로그램 목적 및 의도

○ 장면 중심 명화를 활용하여 즉흥적인 발상을 훈련하고 극으로 표현한다.

○ 다양한 감정에 대해 생생하게 체험하고, 표현하는 기회를 제공한다.

○ 극적인 체험을 통해 자신을 성찰하고 되돌아본다.

운영 계획

○ 대상 및 장소: 고학년, 교실 또는 다목적실

○ 운영 시간: 창의적 체험 활동 중 동아리 시간

○ 활동 개요 및 소요 예산 계획

구분	활동	준비물	산출근거 및 예산(원)
3월	우리 마을에 오세요	-	-
	나를 꺼낸다.	-	-
4월	돌아온 젊음	-	-
	어둠의 추격자	놀이용 패러슈트	100,000 (원) *1 =100,000 (원)
5월	이거 사랑일까	-	-
	희극이냐 비극이냐	-	-
6월	희망의 의자	-	-
	고독한 게 어때서	포스트잇	3,000 (원) *2 =6,000 (원)
		전지	-
9월	엄마의 하루	탁구공	6,000(원) *2=12,000 (원)
		일회용 숟가락	30(원) * 20 =600 (원)
		동화책 <너는 기적이야>	9,000(원)*1=9,000(원)
10월	꿈을 향해서	-	-
	슬픔이 우리를 덮칠 때	무지 가면	1,000(원)*20=20,000 (원)
11월	혼란스러워도 괜찮아	실타래	3,000(원)*3=9,000(원)
	그는 내가 아니다.	도화지	50(원)*20=1,000(원)
		A4용지	5(원)*20=100(원)
12월	즐거운 우리	-	-
합계			총 157,700원

기대 효과

○ 즉흥적인 발상 훈련을 통해, 순발력 있고 재치 있는 생각을 떠올리는 능력을 기를 수 있다.

○ 구체적인 감정에 대해 심도 있게 생각해보고, 풍부한 표현 능력을 기를 수 있다.

○ 극적인 체험을 통해 자신의 삶에 대해 되돌아보고 성찰할 수 있다.

연극동아리 프로그램 운영 물품

연극동아리 운영을 위해서 공간과 시간뿐만 아니라 물리적 지원도 필요하다. 아래는 직접 제작하는 물품 이외에 온라인 쇼핑몰에서 쉽게 검색해서 구입할 수 있는 물품 목록과 가격들이다. 가격은 시기별, 쇼핑몰별로 차이가 날 수 있다.

놀이 중심 연극놀이동아리 물품 구매(이미지 출처-지마켓)

순서	준비물	활용용도	사진	예상 가격(원)
1	긴 줄넘기	길 찾기 감각 놀이 도구		개당 15,000원
2	안대	눈 가리기 도구		개당 2,000원
3	아모스 아이클레이 50g*15개	만들기 활동		개당 1,300원
4	스티로폼 공 (지름 5cm)	손가락 인형 만들기 재료		1봉(10개) 1,500원

5	아동용 하얀 장갑	손가락 인형 만들기 재료		한 벌 700원
6	검은 천	손가락 인형극 배경		가림막 개당 4,000원
7	보자기 86c*86(cm)	이야기 속 장면 표현 도구		중형 개당 800원
8	나무젓가락	손가락 이어붙이기 도구		200개 입 5,200원
9	종이가방 330*100*280(mm)	종이 공주 표현 도구		개당 1,500원
10	4절 도화지	릴레이 그림 이어 그릴 종이		125매 14,000원

무대 중심 연극놀이동아리 물품 구매(이미지 출처-지마켓)

순시	준비물	활용용도	사진	예상 가격(원)
1	무대 가림막 (검은색 천으로 대체 가능)	무대 연출에 활용		개당 70,000원

2	천	등장인물, 배경 꾸미기에 활용		개당 4,000원
3	카메라용 LED 조명	교실에서 연극무대 연출		개당 30,000원
4	조명 스탠드	교실에서 연극무대 연출		개당 20,000원
5	포스트잇	아이디어 공유 시 활용		개당 1,000원
6	가발	다른 인물, 동물 등을 나타낼 때 활용		개당 2,500원 ~10,000원
7	블루투스 스피커	강당, 야외수업 시 음악 재생할 때 활용		개당 30,000원 ~300,000원
8	가면	다른 인물, 동물 등을 나타낼 때 활용		개당 1,000원

오브제 중심 연극놀이동아리 물품 구매(이미지 출처-11번가)

순서	준비물	활용용도	사진	예상 가격(원)
1	신문지	오브제 활용		1,000원대
2	훌라후프	오브제 활용		3,000원대
3	찰흙 (유토)	오브제 활용		3,000원대
4	조명	오브제 활용		-
5	풍선	오브제 활용		1,000원대
6	바람개비	오브제 활용		1,000원대
7	꼬깔콘 과자	오브제 활용		1,000원대

8	펀 스틱(백업)	오브제 활용		2,000원대
9	보자기	오브제 활용		6,000원대

주제 중심 연극놀이동아리 물품 구매(이미지 출처-아이스크림몰)

순서	준비물	활용용도	사진	예상 가격(원)
1	핸드벨	신호 약속		개당 10,000원
2	포스트잇 (76mm*76mm)	아이디어 및 경험 공유		개당 2,000원
3	색연필 (12색)	수업 산출물 제작		개당 3,000원
4	사인펜 (12색)	수업 산출물 제작		개당 3,000원
5	유성 매직 (12색)	수업 산출물 제작		개당 8,000원
6	라벨지	수업 산출물 제작		개당 15,000원

그러니까, 연극

7	도화지 (8절, 125매 입)	아이디어 및 경험 공유 수업 산출물 제작		묶음당 10,000원
8	A4용지 (500매 입)	아이디어 및 경험 공유 수업 산출물 제작		개당 5,500원
9	이젤 패드	아이디어 및 경험 공유		개당 40,000원
10	스펀지 공	연극놀이		개당 1,000원
11	신문지	수업 산출물 제작		kg당 700원
12	투명테이프	수업 산출물 제작		개당 1,000원
13	천사 점토(20g)	수업 산출물 제작		개당 2,000원
14	플래그 포스트잇	수업 산출물 제작		개당 2,500원

즉흥극 중심 연극놀이동아리 물품 구매(이미지 출처-11번가)

순서	준비물	활용용도	사진	예상 가격(원)
1	놀이용 패러슈트	연극놀이 활용		10만 원 초반대
2	무지 가면	표정을 감추고 몸짓으로 상황 연출할 때 사용		개당 1,000원대
3	실타래	연극놀이 활용		개당 3,000원대
4	풍선	오브제 활용		5,000원대
5	탁구공	연극놀이 활용		12개당 6,000원대
6	일회용 숟가락	연극 놀이 활용		개당 30원대
7	동화책 <너는 기적이야>	활동 마무리 자료		9,000원

8	도화지	연극놀이 활용		장당 50원대
9	포스트잇	연극놀이 활용		묶음당 3,000원대
10	A4용지	연극놀이 활용		

특수교사를 위한 교육연극 수업 물품 구매(이미지 출처-G마켓)

순서	준비물	활용용도	사진	예상 가격(원)
1	리듬 막대	활동의 시작과 끝을 알림, 노래 박자 맞추기		2,000원
2.	썼다 지우는 역할놀이 머리띠	극화 시 역할 표시		10,000원

연극놀이 부스 운영 물품 구매(이미지 출처-지마켓)

순서	준비물	활용용도	사진	예상 가격(원)
1	아크릴 쇼케이스	캠프 및 부스 안내		15,000원
2	이름 목걸이	캠프 및 부스 진행		500원

3	페브릭 포스터	캠프 및 부스 진행		13,000원
4	전구 가랜드	캠프 및 부스 진행		13,000원

연극동아리 물품 제작 및 음향 탐색 사이트

순서	내용	제작 및 탐색 안내
1	연극 등·퇴장을 한 배경 음악	유튜브 오디오 라이브러리 - 장르, 분위기 등을 검색하여 알맞은 음악 찾기
2	활동을 돕는 각종 효과음	인디스쿨Indischool.com 자료실 - 효과음 재생기(개구리선생님). 수업 활동과 학급운영에 요긴한 여러 효과음을 모아놓은 자료이다. 여러 선생님이 활용할 수 있도록 공개되어 있다. 유튜브 오디오 라이브러리 - 다양한 장르의 효과음을 쉽게 찾을 수 있다.
3	무료 저작권 사진	활동에 필요한 자료들이나 홍보물을 만들 때 필요한 사진들을 얻을 수 있는 곳이다. - Pixabay.com - Unsplash.com - Gratisography.com - visualhunt.com
4	각종 템플릿 및 양식	미리캔버스(miricanvas.com) - 다양한 종류의 템플릿 양식들이 무료로 제공된다. 홍보물이나 수업자료 제작 시 요긴하다.

연극동아리
평가 및
생활기록부 평어

연극동아리 평가 자료

자기평가 활동지

1. 지금까지의 동아리 활동을 스스로 평가해봅시다.

평가 내용	자기평가		
동아리 활동에 흥미를 가지고 적극적으로 참여했나요?	매우 잘함	잘함	보통
동아리 활동 규칙을 잘 지켰나요?	매우 잘함	잘함	보통
다른 친구들의 발표를 집중해서 관람했나요?	매우 잘함	잘함	보통
동아리 활동에 친구들과 협력하여 참여했나요?	매우 잘함	잘함	보통
동아리 활동에서 내가 맡은 역할을 잘 수행했나요?	매우 잘함	잘함	보통
주제에서 느끼고 생각한 것을 몸짓 말로 잘 표현했나요?	매우 잘함	잘함	보통

2. 동아리 활동이 끝난 후 나의 느낀 점을 써봅시다.

구분	내용
동아리 활동에서 가장 기억에 남는 활동과 그 이유는 무엇인가요?	
동아리 활동을 하면서 좋았던 점이나 느낀 점은 무엇인가요?	
동아리 활동을 하면서 아쉬웠던 점은 무엇인가요?	

그러니까, 연극

동아리 부서 교사 체크 리스트(교사 관찰 평가)

이름 \ 평가내용	동아리 활동 참여 및 적극성			동아리 활동 발표 및 관람 태도			연극놀이 및 즉흥극 표현			결과
	3	2	1	3	2	1	3	2	1	

학생생활기록부 동아리 활동 특기 사항 예시

저학년 연극놀이 동아리 생활기록부 평어

구분	내용
적극 참여	놀이의 중요성을 잘 이해하고 있으며 공간탐색 놀이 및 즉흥극에 관심이 많고 적극적임.
	연극놀이 규칙을 잘 지키고 놀이 초점에 맞춰 친구들을 놀이에 잘 이끌어냄.
	비언어적 연극놀이를 즐길 줄 알며 이야기 극화 속에서 특정 인물을 잘 표현함.
	다양한 연극놀이를 즐길 줄 알며 자기의 생각과 느낌을 마임으로 잘 표현함.
	놀이의 초점을 잘 이해하고 주제에 따른 몸짓 표현과 즉흥극 내용이 창의적임.
	술래 역할을 하고 싶어 하고 승부욕이 있어 팀별 겨루는 놀이에서 더 집중해서 참여함.
	모둠별로 협력하여 즉흥극을 잘 만들어내며, 학예회 때 열심히 연습하여 발표함.
	연극적 요소를 잘 이용하여 즉흥극을 잘 만들어내고, 리듬과 움직임이 조화로우며 계절에 맞는 몸짓표현을 잘함.
	친구들을 도와서 연극적 요소를 잘 배열하여 완성도 있는 즉흥극을 만들어내고 모든 연극놀이에 적극 참여함.
	모든 연극놀이를 좋아하고 즐겁게 참여함. 상대방이 실수를 해도 당황하지 않고 유연하게 대처하는 융통성과 즉흥성이 뛰어나고, 주어진 역할에 집중하며 끝까지 수행해냄.
	연극놀이부)그림자극,인형극에 관심이 있어 주제에 어울리는 이야기를 만들어 자신의 생각과 느낌을 연극적 기제를 적절히 활용하여 표현함.
	모든 연극놀이의 초점을 잘 파악하고 안전하게 즐길 수 있는 여유가 있음. 연극놀이 시 친구들을 잘 다독이고 적극 도와줘서 모둠원 전부 참여할 수 있게 함. 어떤 역할을 주어져도 떨지 않고 잘 표현함.
	자신의 생각과 느낌을 연극적 기제를 적절히 활용하여 잘 표현함. 특히 인형극에 관심이 많아 스스로 좋은 그림책을 선택하여 역할을 나누고 학예회 때 자신 있게 발표함.
	놀이 활동에 적극 참여하며 연극적 약속을 잘 지키고 친구들과 협동하여 즉흥극 발표를 잘 함.
	즉흥극의 초점을 잘 파악하고 자신의 생각과 느낌을 연극적 기제를 적절히 활용하여 잘 표현함.
	즉흥성과 놀이 감각이 우수하고 여러 가지 연극놀이에 적극 참여함.

구분	내용
보통	연극적 약속을 잘 지키려고 노력하며 빈자리채우기, 과일 샐러드처럼 자리 뺏기놀이를 좋아함.
	연극놀이 활동에 열심히 참여하고 쫓고 쫓기는 놀이를 좋아함.
	연극놀이 규칙을 잘 지키며 즉흥극을 시연할 때 친구들과 호흡이 잘 맞음.
	놀이의 중요성을 잘 이해하고 있으며 여러 가지 연극놀이에 즐겁게 참여함.
	연극놀이 시간을 즐거워하고 자리 뺏기유형의 놀이에 적극적임.
	연극놀이 시간을 즐거워하고 자기 생각을 몸짓으로 표현할 수 있음.
	공간탐색 놀이에 관심이 많으며 자기 생각과 느낌을 몸짓으로 표현할 수 있음.
	자기의 생각과 느낌을 몸짓으로 잘 표현하며 연극적 약속을 이해하고 적극 참여함.
	연극적 약속을 잘 지키고 친구들과 협력하여 제시한 주제에 맞는 즉흥극을 만들어냄.
	연극적 요소를 잘 이용하여 즉흥극을 잘 만들어내고 마임 놀이를 좋아함.
	놀이활동에 적극 참여하며 연극적 약속을 잘 지키고 친구들과 협동하여 즉흥극 발표를 잘함.
	놀이의 중요성을 잘 이해하고 있으며 공간탐색놀이 및 즉흥극에 관심이 많고 적극적임.
	자기의 생각과 느낌을 몸짓으로 표현할 수 있으며 주어진 배역의 특징을 잘 살려냄.
	개인별로 겨루거나 움직이는 연극놀이를 부담스러워하지만 모둠이나 팀별로 활동하는 놀이는 협조적이며 즐거워함.
	연극놀이 시간을 즐거워하고 자리뺏기 유형의 놀이에 적극적임 인형극 및 즉흥극을 표현할 때 모둠원들의 도움을 받아 포기하지 않고 끝까지 수행함.
	술래 역할을 수줍어서 소극적으로 수행하지만, 다른 손님 모셔오기, 도깨비 놀이 같은 일 대 다수 형태의 놀이는 편안하게 참여함.
	모둠별로 겨루는 놀이와 공간탐색 놀이에 관심이 많고, 친구들과 협동하여 즐겁게 참여함.

중학년 연극동아리 생활기록부 평어

구분	내용
적극 참여	연극적 약속을 잘 지키며 연극놀이 및 즉흥극에 적극적으로 참여함.
	맥락에 어울리는 상황을 즉흥적으로 잘 만들고, 주어진 인물에 어울리는 몸짓과 목소리 표현을 잘함.
	연극적 약속을 잘 지키고 역할에 어울리게 몸짓과 언어 표현을 잘함.
	연극놀이 활동에 적극 참여하며 연극적 약속을 잘 지키고 마음을 여는 연극놀이 활동에 친구들을 잘 다독이며 이끌어냄.
	연극적 약속을 잘 지키고 친구들과 협력하여 제시한 주제에 맞는 즉흥극을 만들어냄.
	연극적 약속을 잘 지키고 몸짓표현과 즉흥극에 있어 표현력과 상상력이돋보임.
	몸짓표현과 즉흥극에 적극적으로 표현하며, 다른 친구들을 활동속으로 잘 이끌어냄.
	주제에 맞는 즉흥성과 표현력이 우수하고 여러가지 연극놀이에 적극 참여함.
	놀이의 초점을 잘 이해하고 주제에 따른 몸짓표현과 즉흥극 내용이 창의적임.
	연극적 요소를 잘 이용하여 즉흥극을 잘 만들어내고, 표현력이 우수함.
	자기의 생각과 느낌을 몸짓으로 표현할 수 있으며 주어진 배역의 특징을 잘 살려냄.
	연극놀이 규칙을 잘 지키며 즉흥극을 시연할 때 친구들과 호흡이 잘 맞음.
	즉흥극의 캐릭터의 특징을 잘 살려 표현하고 주제에 따른 몸짓표현과 내용이 창의적임.
	인물의 성격이 드러나게 대사를 잘 읽고, 다른 친구들이 발표할 때 좋은 점, 배울 점을 잘 관찰하여 자기 역할에 잘 반영함.
	낭독공연에서 극본 속의 인물이 겪은 일을 자기 일처럼 상상하고 어울리는 목소리로 표현함.
	모둠원과 협력하여 연극 활동에 적극 참여하고 주어진 역할에 대해 진지함. 낭독공연에서 인물과 상황에 어울리는 목소리를 연기함.

그러니까, 연극

구분	내용
보통	연극적 약속을 잘 지키며, 연극놀이 및 즉흥극에 즐겁게 참여함.
	연극적 약속을 잘지키고, 역할에 어울리는 몸짓과 언어 표현을 함.
	자기의 생각과 느낌을 몸짓으로 표현하는 데 주저함이 없으며 여러 형태의 연극놀이에 즐겁게 참여함.
	연극적 약속을 이해하고 있으며 자기의 생각과 느낌을 몸짓으로 표현하기 위해 노력함.
	연극놀이 활동에 잘 참여하며 연극적 약속을 잘 지키고 마음을 여는 연극놀이활동에 즐겁게 참여함.
	놀이의 중요성을 잘 이해하고 있으며 여러가지 연극놀이에 즐겁게 참여함.
	연극놀이에 적극적이며 자신의 생각과 느낌을 몸짓에 잘 반영함.
	연극놀이 규칙을 잘 지키며 친구들과 재미있게 즉흥극을 발표함.
	연극적 약속을 잘 지키고 제시한 주제에 맞게 즉흥극을 표현함.
	모둠원과 협력하여 주제에 맞는 즉흥극을 만들 수 있으며 맡은 인물에 어울리는 몸짓과 목소리 표현도 곧잘 함.
	여러 가지 연극놀이에 재미있게 참여하며, 연극적 요소를 잘 이용하여 즉흥극을 할 수 있으며, 표현력이 좋음.
	생각과 느낌을 몸짓으로 표현할 수 있으며,자신의 역할에 어울리는 몸짓과 표정 표현을 실감나게 함.

고학년 연극동아리 생활기록부 평어

구분	내용
적극 참여	다양한 연극놀이에 즐겁게 참여하며, 창의적인 표현력이 돋보임. 다른 친구들의 표현활동에 관심을 가지며 친구가 잘했을 때 칭찬해주는 긍정적인 태도를 가짐.
	사실적이고 재미있는 표현활동에 능숙하며, 표현활동의 중요성을 이해하고 연극동아리 활동에 적극적으로 참여함.
	연극놀이 및 다양한 즉흥극 활동을 통해 자신의 표현력을 향상시키기 위해 노력하며 연극 공연을 위해 자신이 할 수 있는 일을 찾고 적극적으로 수행함.
	친구들과 협력적으로 공연을 준비하는 태도가 돋보이고 공연 약속을 잘 지키며 공연에 임함.
	극본 읽기 활동에 흥미를 가지고 참여하며 스스로 자신이 연기하는 모습을 관찰하고 수정 보완함. 다양한 성격의 역할에 도전하고 싶어 하는 등 배우로서 자질이 보임.
	자신이 참여하고 싶은 연극 분과가 분명하며, 음향 분과로서 책임감을 가지고 활동함.
	극본의 필수요소를 알고 극본 쓰기의 전 과정을 잘 이해하고 있음. 자신이 쓴 대본을 더 나은 방향으로 수정하고자 하는 의지가 강함.
	즉흥 놀이 활동에 흥미를 가지고 참여하며 상황 판단력이 빠르고 재치 있는 말과 행동으로 관객에게 즐거움을 줌.
	우리들의 이야기를 극본으로 표현하는 것에 관심을 가지며 대사, 지문, 해설 등을 통해 이야기의 중심사건이 잘 드러난 극본을 작성함.
	자신이 맡은 분과의 일을 성실하게 수행하고 실수를 줄이기 위해 꼼꼼하게 점검하는 태도가 돋보임.
	무대공연에서 긴장하지 않고 주어진 역할에 끝까지 집중함. 공연 약속을 잘 이해하고 지키며 관객과의 소통이 우수함.
	연극 분과 중 연기에 흥미를 가지고 있으며 연극 공연 시 대사 전달력 및 표현력이 돋보임.
	연극동아리 활동을 통한 자신의 변화를 알고 꾸준히 발전하고자 함. 연극놀이 및 즉흥 놀이에 적극적으로 참여하고 친구들과 함께 놀이하는 것을 즐거워함.
	공연 홍보를 위해 자신의 아이디어를 적극적으로 제시하고 실천하며 다양한 방법으로 관객과 소통하고자 함.

구분	내용
보통	연극놀이에 흥미를 가지고 참여하며, 놀이 규칙을 잘 지킴.
	사실적이고 재미있는 표현활동에 관심을 가지고 연극놀이에 즐겁게 참여함.
	즉흥 놀이 상황에 맞게 연기하며 이야기 속 인물이 되는 활동을 좋아함.
	극본을 읽고 내용 파악을 하며, 알맞은 목소리로 등장인물의 대사를 표현함.
	자신의 생각과 느낌을 표정과 몸짓으로 표현하는 것에는 소극적이지만, 연극놀이 활동을 즐기고 친구들과 협동하여 즉흥극 발표를 잘함.
	자신이 관심 있는 연극 분과를 찾고, 분과원들과 협력하여 결과물을 만들어 냄.
	이야기와 극본의 차이를 알고, 극본의 요소가 잘 들어간 부분 극본을 씀.
	연극동아리 활동을 통해 자신이 성장한 점을 찾고, 부족한 부분을 개선하기 위해 노력함.
	공연 약속을 잘 지키며 공연하고, 인물을 표현하는 부분에 있어 발전적인 모습을 보임.
	자신이 맡은 분과의 역할을 잘 알고, 진지한 태도로 공연에 임함.
	친구들과 협력적인 태도로 놀이 활동을 하며 신체 표현활동을 즐거워함.
	극본을 읽고 사건의 전개 과정 및 인물 구조도를 잘 이해하며 내용 파악 활동에 적극적임.
	연극놀이를 통해 친구들과 마음을 열고 친구들과 협력하여 즉흥극을 만들어냄.

건강하게 자신을 표현하고
다른 사람과 공감하는

사람은 사람 사이에서 자라난다. 그렇기에 아이들의 인성교육에 무엇보다 중요한 것은 소통과 상호작용이다. 교육연극은 아이들이 건강하게 자신을 표현하고 다른 사람을 공감할 수 있게 한다. 그러므로 교육연극은 학교에서 언제나 유효한 교육방법이다.

학교현장에서 교육연극을 적용하는 게 쉽지는 않다. 소란스러운 아이들, 처음 해보는 낯선 활동들, 그리고 수업 전 미리 준비해야 하는 준비물들. 교육연극동아리를 운영하고자 마음을 먹었음에도 이러한 일련의 과정 중에 교사는 쉽게 지칠 수도 있다. 우리도 그러했기 때문이다. 하지만 교육연극을 통해 달라지는 아이들의 모습은 그런 수고스러움을 기꺼이 감당할 수 있게 할 것이다.

이 책을 쓰는 동안 우리는 사상 초유의 코로나 사태를 겪었다. 감염병 예방을 위해 학교현장에서는 몸을 주로 활용하는 다양한 수업 활동이 제한된 상태다. 이러한 상황에서 교육연극은 어떻게 존재해야 하는지 끊임없는 고민에 잠겼다. 비접촉식 수업이 요구되는 지금 시점에서 교육연극을 어떤 형태로 수업에 녹여낼지 문제다.

그렇다면 감염병 전파를 막기 위해, 비접촉 방식을 고수하면서도 아이들에게 의미 있는 교육연극 활동을 제공하는 방법은 무엇일까? 이 책을 마무리하는 시점에 이 질문은 계속해서 우리의 뇌리를 스쳐 지나갔다. 이러한 물음을 담아 현재 비접촉 교육연극 활동을 고안하고 연구 중이다.

교육연극의 발전과 맥을 잇기 위해 세종시 교육연극 연구회 〈빈 의자〉는 앞으로도 끊임없이 연구를 이어나갈 것이다. 이 책의 독자 역시 대한민국의 교육연극을 이어나가고 발전시키는 일에 함께하기를 바란다.